Oldenbourg
Textausgaben

Oldenbourg
Textausgaben

Herausgegeben von
Klaus-Michael Bogdal
Clemens Kammler

Georg Büchner

Woyzeck

Text, Kommentar und Materialien

Bearbeitet von Oliver Ruf

Oldenbourg

Das Papier ist aus chlorfrei gebleichtem Zellstoff hergestellt,
ist säurefrei und recyclingfähig.

1. Auflage 2009
Druck 15 14 13 12 11
Die letzte Zahl bezeichnet das Jahr des Drucks.

Umschlagkonzept: Mendell & Oberer, München
Umschlaggestaltung: Erasmi + Stein, München
Umschlagbild: plainpicture/Westend61
Layoutentwurf: Almut Jegodtka
Lektorat: Ruth Bornefeld
Herstellung: Ulrike Seeliger
Satz: fidus Publikations-Service GmbH, Nördlingen
Gesamtherstellung: Himmer AG, Augsburg

ISBN 978-3-637-00791-8

Inhalt

Hinweise zur Benutzung:
Kurze Worterklärungen befinden sich in der Randspalte direkt neben dem Haupttext, längere Wort- und Sacherklärungen auf S. 41 ff. Die Fundstellen werden stets nach Seite und Zeile angegeben (z. B. 9.270). Hinweise zur Textedition siehe S. 41.

Zeittafel zu Leben und Werk von Georg Büchner

akg-images

1813 17. Oktober: Carl Georg Büchner wird in Goddelau bei Darmstadt geboren

1816 Versetzung des Vaters als Medizinalrat nach Darmstadt und Übersiedlung der Familie dorthin

1819–1822 Elementarunterricht bei der Mutter

1822 Privatschulunterricht

1823 März: erster öffentlicher Auftritt (Vortrag in lateinischer Sprache)

1825–1831 Besuch des Darmstädter Gymnasiums, in dessen 2. Klasse er aufgenommen wird

1828 Frühjahr: Teilnahme an einem politisch-oppositionellen Schülerzirkel

1831 30. März: Büchners Rede zur Schlussfeier des Gymnasiums
9. November: Beginn des Medizinstudiums an der Universität Straßburg

1832 Mai: Vortrag über deutsche politische Zustände und die Rohheit deutscher Studenten vor Mitgliedern der Studentenverbindung „Eugenia“

1833 Juli: Vogesenwanderung mit seinen Freunden, den Brüdern Stöber; Verlobung mit der Pfarrerstochter Minna Jaegele

1834 Januar: Büchner nimmt in Gießen Verbindung mit Friedrich Ludwig Weidig auf, mit dem er die revolutionäre Flugschrift DER HESSISCHE LANDBOTE verfasst

1834 April: Gründung einer Darmstädter „Gesellschaft für Menschenrechte"; Reise zu seiner Braut nach Straßburg
ab Juli: Verbreitung des LANDBOTEN
August: Verhaftung des Mitarbeiters Karl von Minnigerode und Beschlagnahmung des LANDBOTEN; Büchner verlässt Gießen und kehrt über Offenbach nach Darmstadt ins Elternhaus zurück

1835 Januar: Verhöre in Offenbach und Friedberg
März: Flucht nach Straßburg; Studium der vergleichenden Anatomie und Philosophie
ab Mai: Arbeit an der Erzählung LENZ
Juli: Das Drama DANTONS TOD erscheint in gekürzter Form
Juni: Büchner wird wegen „Teilnahme an staatsverräterischen Handlungen" steckbrieflich gesucht

1836 Arbeit am Lustspiel LEONCE UND LENA als Beitrag zu einer Ausschreibung des Cotta-Verlags, dessen Abgabefrist Büchner nicht einhält; außerdem Arbeit am Dramenfragment WOYZECK
April und Mai: Vortrag seiner Abhandlung über das Nervensystem der Barben (Fischart) vor der „Societé d'Histoire Naturelle" in Straßburg
Sommer: Besuch von Mutter und Schwester
September: Promotion zum Dr. phil. durch die Philosophische Fakultät der Universität Zürich
Oktober: Umzug nach Zürich
November: Probevorlesung „Über Schädelnerven"

1837 2. Februar: plötzliche Erkrankung
14. Februar: Diagnose Typhus; Büchners Gesundheitszustand verschlechtert sich zusehends
19. Februar: Büchner stirbt
21. Februar: Beisetzung auf einem Zürcher Friedhof

Woyzeck

Seite 41

Personen

Woyzeck • Marie
Hauptmann • Doktor • Tambourmajor
Unteroffizier • Andres • Margret
Budenbesitzer • Marktschreier
Alter Mann mit Leierkasten • Jude
Wirt • Erster Handwerksbursch
Zweiter Handwerksbursch
Käthe • Narr Karl • Großmutter
Erstes, zweites, drittes Kind
Erste, zweite Person
Polizeikommissar

5 × Seite 41 f.
hier: Arzt
Seite 42
Verkaufsstand auf Jahrmärkten
Seite 42
Drehorgel, mechan. Musikinstrument
Possenreißer, Wahnwitziger, ‚Idiot'
Dienstgrad v. Polizeivollzugsbeamten

Soldaten. Studenten. Burschen und Mädchen
Kinder. Volk

hier: junge Männer um die 20 Jahre

Beim Hauptmann [1]

Hauptmann auf einem Stuhl; Woyzeck rasiert ihn

Hauptmann Langsam, Woyzeck, langsam; eins nach dem andern! Er macht mir ganz schwindlig. Was soll ich dann mit den zehn Minuten anfangen, die Er heut zu früh fertig wird? Woyzeck, bedenk Er: Er hat noch seine schöne dreißig Jahr' zu leben, dreißig Jahr'! Macht dreihundertsechzig Monate! und Tage! Stunden! Minuten! Was will Er denn mit der ungeheuren Zeit all anfangen? Teil Er sich ein, Woyzeck!

Woyzeck Jawohl, Herr Hauptmann.

(sprichwörtl.) die Ruhe bewahren
höfliche Anrede
Dativ üblich in Südwestdeutschland
Seite 42

hier: Zügeln Sie sich

(militärisch) zu Befehl

Hauptmann Es wird mir ganz angst um die Welt, wenn ich an die Ewigkeit denke. Beschäftigung, Woyzeck, Beschäftigung! Ewig: das ist ewig, das ist ewig – das siehst du ein; nun ist es aber wieder nicht ewig, und das ist ein Augenblick, ja, ein Augenblick – Woyzeck, es schaudert mich, wenn ich denke, daß sich die Welt in einem Tag herumdreht! Was 'n Zeitverschwendung! Wo soll das hinaus? Woyzeck, ich kann kein Mühlrad mehr sehn, oder ich werd melancholisch.

Seite 42

Woyzeck Jawohl, Herr Hauptmann.

Hauptmann Woyzeck, Er sieht immer so verhetzt aus! Ein guter Mensch tut das nicht, ein guter Mensch, der sein gutes Gewissen hat. – Red Er doch was, Woyzeck! Was ist heut für Wetter?

gehetzt

Seite 42

Woyzeck Schlimm, Herr Hauptmann, schlimm: Wind!

hier: ungünstig, unangenehm, unerfreulich

Hauptmann Ich spür's schon, 's ist so was Geschwindes draußen; so ein Wind macht mir den Effekt wie eine Maus. *Pfiffig:* Ich glaub, wir haben so was aus Süd-Nord?

etwas Ungestümes, Heftiges, Kräftiges

Woyzeck Jawohl, Herr Hauptmann.

Hauptmann Ha! ha! ha! Süd-Nord! Ha! ha! ha! Oh, Er ist dumm, ganz abscheulich dumm! – *Gerührt:* Woyzeck, Er ist ein guter Mensch, – aber – *mit Würde:* Woyzeck, Er hat keine Moral! Moral, das ist, wenn man moralisch ist, versteht Er. Es ist ein gutes Wort. Er hat ein Kind ohne den Segen der Kirche, wie unser hochehrwürdiger Herr Garnisonsprediger sagt, – ohne den Segen der Kirche, es ist nicht von mir.

Seite 42

Militärgeistlicher

Woyzeck Herr Hauptmann, der liebe Gott wird den armen Wurm nicht drum ansehen, ob das Amen drüber gesagt ist, eh er gemacht wurde. Der Herr sprach: Lasset die Kleinen zu mir kommen.

kleines, hilfloses Geschöpf

Seite 42

Hauptmann Was sagt Er da? Was ist das für eine kuriose Antwort? Er macht mich ganz konfus mit seiner Antwort. Wenn ich sag: Er, so mein ich Ihn, Ihn –

Woyzeck Wir arme Leut' – Sehn Sie, Herr Hauptmann: Geld, Geld! Wer kein Geld hat – Da setz einmal eines seinesgleichen auf die Moral in die Welt! Man hat auch sein Fleisch und Blut. Unsereins ist doch einmal unselig in der und der andern Welt. Ich glaub, wenn wir in Himmel kämen, so müßten wir donnern helfen.

Hauptmann Woyzeck, Er hat keine Tugend! Er ist kein tugendhafter Mensch! Fleisch und Blut? Wenn ich am Fenster lieg, wenn's geregnet hat, und den weißen Strümpfen so nachseh, wie sie über die Gassen springen – verdammt, Woyzeck, da kommt mir die Liebe! Ich hab auch Fleisch und Blut. Aber, Woyzeck, die Tugend! die Tugend! Wie sollte ich dann die Zeit herumbringen? Ich sag mir immer: du bist ein tugendhafter Mensch, – *gerührt* – ein guter Mensch, ein guter Mensch.

Woyzeck Ja, Herr Hauptmann, die Tugend, – ich hab's noch nit so aus. Sehn Sie: wir gemeine Leut', das hat keine Tugend, es kommt einem nur so die Natur; aber wenn ich ein Herr wär und hätt ein' Hut und eine Uhr und eine Anglaise und könnt vornehm reden, ich wollt schon tugendhaft sein. Es muß was Schönes sein um die Tugend, Herr Hauptmann. Aber ich bin ein armer Kerl!

Hauptmann Gut, Woyzeck. Du bist ein guter Mensch, ein guter Mensch. Aber du denkst zuviel, das zehrt; du siehst immer so verhetzt aus. – Der Diskurs hat mich ganz angegriffen. Geh jetzt, und renn nicht so; langsam, hübsch langsam die Straße hinunter!

verwirrt

Seite 42

(bildhaft) sinnlich-sexuelle Bedürfnisse

Himmelreich

(sprichwörtl.) auch dort arbeiten müssen

Hinweis auf Voyeurismus

(bildl.) Mädchen und Frauen

Menschen der niedrigsten sozialen Schicht

hier: männl. Person eines etwas höheren Standes

(frz.) eigentlich elegantes Frauenkleid im späten 18. Jh., hier: festliche Männerbekleidung

Seite 42

getrieben, umtriebig, rast- und ruhelos

(frz.) Gespräch, Unterhaltung

Freies Feld, die Stadt in der Ferne [2]

Woyzeck und Andres schneiden Stecken im Gebüsch

Stöcke zu schneiden gehört zu Woyzecks militär. Aufgaben bzw. ist sein Nebenerwerb

Andres *pfeift*

eigentlich: Streifen; Hinweis auf mögl. Unglück

Pilze

Seite 43

bibl. Redewendung; vgl. 12.59

Seite 43

Seite 43

Woyzeck Ja, Andres, der Platz ist verflucht. Siehst du den lichten Streif da über das Gras hin, wo die Schwämme so nachwachsen? Da rollt abends der Kopf. Es hob ihn einmal einer auf, er meint', es wär ein Igel: drei Tag' und drei Nächt', und er lag auf den Hobelspänen. *Leise:* Andres, das waren die Freimaurer! ich hab's, die Freimaurer!

Andres *singt* Saßen dort zwei Hasen,
Fraßen ab das grüne, grüne Gras …

Woyzeck Still! Hörst du's, Andres? hörst du's? Es geht was!

Andres Fraßen ab das grüne, grüne Gras
Bis auf den Rasen.

Andeutung einer psychischen Störung

Woyzeck Es geht hinter mir, unter mir. *Stampft auf den Boden:* Hohl, hörst du? alles hohl da unten! Die Freimaurer!

Andres Ich fürcht mich.

merkwürdig, sonderbar, wunderlich

Woyzeck 's ist so kurios still. Man möcht den Atem halten. – Andres!

Andres Was?

Seite 43

Woyzeck Red was! *Starrt in die Gegend.* Andres! wie hell! Über der Stadt is alles Glut! Ein Feuer fährt um den Himmel und ein Getös herunter wie Posaunen. Wie's heraufzieht! – Fort! Sieh nicht hinter dich! *Reißt ihn ins Gebüsch.*

Andres *nach einer Pause* Woyzeck, hörst du's noch?

Woyzeck Still, alles still, als wär die Welt tot.

Signal für den Zapfenstreich

Andres Hörst du? Sie trommeln drin. Wir müssen fort.

Die Stadt [3]

Marie mit ihrem Kind am Fenster. Margret
Der Zapfenstreich geht vorbei, der Tambourmajor voran

Marie *das Kind wippend auf dem Arm* He, Bub! Sa ra ra ra! Hörst? Da kommen sie!

Margret Was ein Mann, wie ein Baum!

Marie Er steht auf seinen Füßen wie ein Löw'. *Tambourmajor grüßt.*

Margret Ei, was freundliche Auge, Frau Nachbarin! So was is man an ihr nit gewöhnt.

Marie *singt* Soldaten, das sind schöne Bursch'…

Margret Ihre Auge glänze ja noch –

Marie Und wenn! Trag Sie Ihre Auge zum Jud', und laß Sie sie putze; vielleicht glänze sie noch, daß man sie für zwei Knöpf' verkaufe könnt.

Margret Was, Sie? Sie? Frau Jungfer! Ich bin eine honette Person, aber Sie, es weiß jeder, Sie guckt sieben Paar lederne Hose durch!

Marie Luder! *Schlägt das Fenster durch.* Komm, mei Bub! Was die Leut' wolle. Bist doch nur ein arm Hurenkind und machst deiner Mutter Freud' mit dei'm unehrliche Gesicht! Sa! sa! *Singt:*

Mädel, was fangst du jetzt an?
Hast ein klein Kind und kein' Mann!
Ei, was frag ich danach?
Sing ich die ganze Nacht
Heio, popeio, mei Bu, juchhe!
Gibt mir kein Mensch nix dazu.

Es klopft am Fenster.

Marie Wer da? Bist du's, Franz? Komm herein!

Woyzeck Kann nit. Muß zum Verles'.

Zeitpunkt am Abend, an dem die Soldaten wieder in der Kaserne sein müssen

lautmalerisch, möglicherweise Andeutung eines frz. Revolutionsliedes

(sprichwörtl.) starker Mann

bibl. Vergleich (Psalm 17,12), vgl. 12.59

Teil eines deutschen Volksliedes; vgl. 14.103–4

(sprichwörtl.) Gerüchte verbreiten

(umgangssprachl.) Geld

(frz.) anständig, ehrenhaft

(sprichwörtl.) übertriebene Neugier

hier: gemeine, freche Person

hier: uneheliches Kind

hier: unehelich

Teil eines Wiegeliedes

häufiger Schluss von Volksliedern; vgl. 14.103–4

Verlesen, Bekanntgabe militärischer Anweisungen

Marie Hast du Stecken geschnitten für den Hauptmann?

Woyzeck Ja, Marie.

Marie Was hast du, Franz? Du siehst so verstört.

Woyzeck *geheimnisvoll* Marie, es war wieder was, viel – steht nicht geschrieben: Und sieh, da ging ein Rauch vom Land, wie der Rauch vom Ofen?

bibl. Redewendung; vgl. 12.59

Marie Mann!

Woyzeck Es ist hinter mir hergangen bis vor die Stadt. Etwas, was wir nicht fassen, begreifen, was uns von Sinnen bringt. Was soll das werden?

Marie Franz!

Woyzeck Ich muß fort. – Heut abend auf die Mess'! Ich hab wieder was gespart. *Er geht.*

Marie Der Mann! So vergeistert. Er hat sein Kind nicht angesehn! Er schnappt noch über mit den Gedanken! – Was bist so still, Bub? Furchtst dich? Es wird so dunkel; man meint, man wär blind. Sonst scheint als die Latern' herein. Ich halt's nit aus; es schauert mich! *Geht ab.*

Messe, hier: Jahrmarkt, Kirmes

verstört, verschreckt

Seite 43

Hinweis, dass Marie zu arm ist, um ihre Kammer selbst zu beleuchten (Laterne)

Buden. Lichter. Volk [4]

Buden: Verkaufsstände auf dem Jahrmarkt

Volk; hier: Bevölkerung, Menschenmenge

Alter Mann *singt und* **Kind** *tanzt zum Leierkasten:*

Auf der Welt ist kein Bestand,
Wir müssen alle sterben,
Das ist uns wohlbekannt.

vermutlich Teil eines Volkslieds; vgl. 14.103–4

Woyzeck Hei: Hopsa's! – Armer Mann, alter Mann! Armes Kind, junges Kind! Sorgen und Feste!

hüpfen

Marie Mensch, sind noch die Narrn von Verstande, dann ist man selbst Narr. – Komische Welt! schöne Welt!

Beide gehn weiter zum Marktschreier.

Marktschreier *vor einer Bude mit seiner Frau in Hosen und einem kostümierten Affen* Meine Herren, meine Herren! Sehn Sie die Kreatur, wie sie Gott gemacht: nix, gar nix. Sehn Sie jetzt die Kunst: geht aufrecht, hat Rock und Hosen, hat ein' Säbel! Der Aff' ist Soldat; 's ist noch nit viel, unterste Stuf' von menschliche Geschlecht. Ho! Mach Kompliment! So – bist Baron. Gib Kuß! *Er trompetet:* Wicht ist musikalisch. – Meine Herren, hier ist zu sehen das astronomische Pferd und die kleine Kanaillevögele. Sind Favorit von alle gekrönte Häupter Europas, verkündigen den Leuten alles: wie alt, wieviel Kinder, was für Krankheit. Die Rapräsentationen anfangen! Es wird sogleich sein das Commencement von Commencement.

Woyzeck Willst du?

Marie Meinetwegen. Das muß schön Dings sein. Was der Mensch Quasten hat! Und die Frau hat Hosen!

Beide gehn in die Bude.

Tambourmajor Halt, jetzt! Siehst du sie? Was ein Weibsbild!

Unteroffizier Teufel! Zum Fortpflanzen von Kürassierregimentern!

Tambourmajor Und zur Zucht von Tambourmajors!

Unteroffizier Wie sie den Kopf trägt! Man meint, das schwarze Haar müßt sie abwärts ziehn wie ein Gewicht. Und Augen –

Tambourmajor Als ob man in ein' Ziehbrunnen oder zu einem Schornstein hinunter guckt. Fort, hinterdrein! –

satirischer Hinweis auf soziale Unterschiede aufgrund von Äußerlichkeiten

Entstellung höfischer Verhaltensweisen

besonders begabte Pferd

eigentl. Kanarienvögel, auch Hinweis auf (frz.) canaille: Schurke

Repräsentation, Vorstellung

(frz.) der Anfang vom Anfang

Bündel von Fäden

Seite 43

(anzüglich) gut aussehende, attraktive Frau

Kavallerieverbänden

Brunnen, bei dem ein Schöpfeimer mittels Gegengewichts hinabgelassen und hochgezogen wird

Das Innere der hellerleuchteten Bude [5]

Marie Was Licht!

Woyzeck Ja, Marie, schwarze Katzen mit feurige Augen. Hei, was ein Abend!

Der Budenbesitzer *ein Pferd vorführend* Zeig dein Talent! Zeig deine viehische Vernünftigkeit! Beschäme die menschliche Sozietät! Meine Herren, dies Tier, was Sie da sehn, Schwanz am Leib, auf seine vier Hufe, ist Mitglied von alle gelehrte Sozietät, ist Professor an unsre Universität, wo die Studente bei ihm reiten und schlagen lernen. – Das war einfacher Verstand. Denk jetzt mit der doppelten Raison! Was machts du, wann du mit der doppelten Raison denkst? Ist unter der gelehrten Société da ein Esel? *Der Gaul schüttelt den Kopf.* Sehn Sie jetzt die doppelte Raison? Das ist Viehsionomik. Ja, das ist kein viehdummes Individuum, das ist ein Person, ein Mensch, ein tierischer Mensch –, und doch ein Vieh, ein Bête. *Das Pferd führt sich ungebührlich auf.* So, beschäme die Société. Sehn Sie, das Vieh ist noch Natur, unideale Natur! Lernen Sie bei ihm! Fragen Sie den Arzt, es ist sonst höchst schädlich! Das hat geheißen: Mensch, sei natürlich! Du bist geschaffen aus Staub, Sand, Dreck. Willst du mehr sein als Staub, Sand, Dreck? – Sehn Sie, was Vernunft: es kann rechnen und kann doch nit an den Fingern herzählen. Warum? Kann sich nur nit ausdrücken, nur nit explizieren, ist ein verwandelter Mensch. Sag den Herren, wieviel Uhr es ist! Wer von den Herren und Damen hat ein Uhr? ein Uhr?

Unteroffizier Eine Uhr? *Zieht großartig und gemessen eine Uhr aus der Tasche:* Da, mein Herr!

schwarze Katzen: Aberglaube, nach dem sich Unheil ankündigt

Sozietät: Gesellschaft

schlagen lernen: ironischer Hinweis auf schlagende Studentenverbindungen

Raison: (frz.) Vernunft, Einsicht

Viehsionomik: eigentlich: Physiognomik, d. h. die Lehre vom Gesichtsausdruck, hier ironisch: Lehre vom Vieh

Bête: (frz.) Tier, Vieh, auch: Dummkopf

ungebührlich: unangemessen, ungehörig

Mensch, sei natürlich!: Aufforderung zur Rückkehr zur Natur

Du bist geschaffen aus Staub, Sand, Dreck: Bibelzitat (Moses 3,19; Hiob 10,9); vgl. 12.59

was Vernunft: welch' eine Vernunft

Wer von den Herren und Damen hat ein Uhr?: Hinweis auf den Stellenwert der Uhr als Statussymbol

Marie Das muß ich sehn. *Sie klettert auf den ersten Platz; Unteroffizier hilft ihr.*

Tambourmajor Das ist ein Weibsbild!

Mariens Kammer [6]

Marie *sitzt, ihr Kind auf dem Schoß, ein Stückchen Spiegel in der Hand* Der andre hat ihm befohlen, und er hat gehen müssen! – *Bespiegelt sich:* Was die Steine glänzen! Was sind's für? was hat er gesagt? – – Schlaf, Bub! Drück die Augen zu, fest! *Das Kind versteckt die Augen hinter den Händen.* Noch fester! Bleib so – still, oder er holt dich!

Singt: Mädel, mach 's Ladel zu,
's kommt e Zigeunerbu,
Führt dich an deiner Hand
Fort ins Zigeunerland.

Spiegelt sich wieder. 's ist gewiß Gold! Wie wird mir's beim Tanz stehen? Unsereins hat nur ein Eckchen in der Welt und ein Stückchen Spiegel, und doch hab ich ein' so roten Mund als die großen Madamen mit ihren Spiegeln von oben bis unten und ihren schönen Herrn, die ihnen die Händ' küssen. Ich bin nur ein arm Weibsbild! – *Das Kind richtet sich auf:* Still, Bub, die Augen zu! Das Schlafengelchen! wie's an der Wand läuft – *sie blinkt mit dem Glas:* Die Auge zu, oder es sieht dir hinein, daß du blind wirst!

Woyzeck tritt herein, hinter sie. Sie fährt auf, mit den Händen nach den Ohren.

Woyzeck Was hast du?

Marie Nix.

Woyzeck Unter deinen Fingern glänzt's ja.

Steine: hier: Edelsteine

er holt dich: Anspielung auf einen Kinderschreck, der ungehorsame Kinder holen kommt

Mädel, mach 's Ladel zu …: Teile eines Volkslieds; vgl. 14.103–4

großen: hier: hochgeboren, hochgestellt, vornehm

Madamen: (frz.) hier: verheiratete Frauen höherer Stände

Weibsbild: hier: sozial niedrig gestellte Frau

Schlafengelchen: Kinderschreck

Marie Ein Ohrringlein; hab's gefunden.

Woyzeck Ich hab so noch nix gefunden, zwei auf einmal!

Marie Bin ich ein Mensch?

Woyzeck 's is gut, Marie. – Was der Bub schläft! Greif ihm unters Ärmchen, der Stuhl drückt ihn. Die hellen Tropfen stehn ihm auf der Stirn; alles Arbeit unter der Sonn', sogar Schweiß im Schlaf. Wir arme Leut'! – Da is wieder Geld, Marie; die Löhnung und was von mei'm Hauptmann.

Marie Gott vergelt's, Franz.

Woyzeck Ich muß fort. Heut abend, Marie! Adies!

Marie *allein, nach einer Pause* Ich bin doch ein schlecht Mensch! Ich könnt mich erstechen. – Ach! was Welt! Geht doch alles zum Teufel, Mann und Weib!

Mensch: hier: weibliche Person von sozial niedrigem Stand, auch Hure
Was: wie
alles Arbeit unter der Sonn', sogar Schweiß im Schlaf: Anspielung auf Bibelstellen (Moses 3,19; Prediger 1,3)
Löhnung: Sold der gewöhnlichen Soldaten
was: Zulagen für Lohndienste (Rasieren, Stöckeschneiden)
Gott vergelt's: Dankesformel
Adies: (frz.) adieu
Geht doch alles zum Teufel: (sprichwörtl.) alles ist/wird schlecht

Beim Doktor [7]

Woyzeck. Der Doktor

Doktor Was erleb ich, Woyzeck? Ein Mann von Wort!

Woyzeck Was denn, Herr Doktor?

Doktor ich hab's gesehn, Woyzeck; Er hat auf die Straß' gepißt, an die Wand gepißt, wie ein Hund! – Und doch drei Groschen täglich und Kost! Woyzeck, das ist schlecht; die Welt wird schlecht, sehr schlecht!

Woyzeck Aber, Herr Doktor, wenn einem die Natur kommt.

Doktor Die Natur kommt, die Natur kommt! Die Natur! Hab ich nicht nachgewiesen, daß der Musculus constrictor vesicae dem Willen unterworfen ist? Die Natur! Woyzeck, der Mensch ist frei, in dem

Ein Mann von Wort: (sprichwörtl.) Mann, der sein Versprechen hält, hier ironisch
Groschen: kleine Silbermünzen
Aber, Herr Doktor, wenn einem die Natur kommt: Seite 43
Musculus constrictor vesicae: (lat.) Blasenschließmuskel
dem Willen unterworfen ist: Seite 43
in dem: Seite 43

Menschen verklärt sich die Individualität zur Freiheit. – Den Harn nicht halten können! *Schüttelt den Kopf, legt die Hände auf den Rücken und geht auf und ab.* Hat Er schon seine Erbsen gegessen, Woyzeck? Nichts als Erbsen, cruciferae, merk Er sich's! Es gibt eine Revolution in der Wissenschaft, ich sprenge sie in die Luft. Harnstoff 0,10, salzsaures Ammonium, Hyperoxydul – Woyzeck, muß Er nicht wieder pissen? Geh Er einmal hinein und probier Er's!

Woyzeck Ich kann nit, Herr Doktor.

Doktor *mit Affekt* Aber an die Wand pissen! Ich hab's schriftlich, den Akkord in der Hand! – Ich hab's gesehn, mit diesen Augen gesehn; ich steckt grade die Nase zum Fenster hinaus und ließ die Sonnenstrahlen hineinfallen, um das Niesen zu beobachten. *Tritt auf ihn los:* Nein, Woyzeck, ich ärgre mich nicht; Ärger ist ungesund, ist unwissenschaftlich. Ich bin ruhig, ganz ruhig; mein Puls hat seine gewöhnlichen 60, und ich sag's Ihm mit der größten Kaltblütigkeit. Behüte, wer wird sich über einen Menschen ärgern, ein' Menschen! Wenn es noch ein Proteus wäre, der einem krepiert! Aber, Woyzeck, Er hätte doch nicht an die Wand pissen sollen –

Woyzeck Sehn Sie, Herr Doktor, manchmal hat einer so 'en Charakter, so 'ne Struktur. – Aber mit der Natur ist's was anders, sehn Sie; mit der Natur – *er kracht mit den Fingern* –, das is so was, wie soll ich doch sagen, zum Beispiel …

Doktor Woyzeck, Er philosophiert wieder.

Woyzeck *vertraulich* Herr Doktor, haben Sie schon was von der doppelten Natur gesehn? Wenn die Sonn' in Mittag steht und es ist, als ging' die Welt in Feuer auf, hat schon eine fürchterliche Stimme zu mir geredt!

Bestandteil der Experimente des Doktors

(lat.) Kreuzblütler

Seite 43 f.

Bestandteile des Harns

Metallverbindung

(lat.) starke Gemütsbewegung, Erregung

(frz.) Vertrag

damalige medizinische Lehrmeinung

Amöbe, einfacher Einzeller

(lat.) elend stirbt, zugrunde geht

hier: grübelt

Bibelzitat (Offenb 16,1); vgl. 12.59

Doktor Woyzeck, Er hat eine Aberratio.

Woyzeck *legt den Finger an die Nase* Die Schwämme, Herr Doktor, da, da steckt's. Haben Sie schon gesehn, in was für Figuren die Schwämme auf dem Boden wachsen? Wer das lesen könnt!

Doktor Woyzeck, Er hat die schönste Aberratio mentalis partialis, die zweite Spezies, sehr schön ausgeprägt. Woyzeck, Er kriegt Zulage! Zweiter Spezies: fixe Idee mit allgemein vernünftigem Zustand. – Er tut noch alles wie sonst? rasiert seinen Hauptmann?

Woyzeck Jawohl.

Doktor Ißt seine Erbsen?

Woyzeck Immer ordentlich, Herr Doktor. Das Geld für die Menage kriegt meine Frau.

Doktor Tut seinen Dienst?

Woyzeck Jawohl.

Doktor Er ist ein interessanter Kasus. Subjekt Woyzeck, Er kriegt Zulage, halt Er sich brav! Zeig er seinen Puls. Ja.

(lat.) Seelenstörung, Wahnsinn
Pilze
(lat.) teilweise geistige Verirrung
Art
zusätzl. Lohn
Hinweis auf Woyzecks verwirrtes, verstörtes Gemüt
Seite 44
(frz.) hier: militär. Verpflegungskasse
(lat.) Fall, Studienobjekt
hier: Person in einem Abhängigkeitsverhältnis

Mariens Kammer [8]

Marie. Tambourmajor

Tambourmajor Marie!

Marie *ihn ansehend, mit Ausdruck* Geh einmal vor dich hin! – Über die Brust wie ein Rind und ein Bart wie ein Löw'. So ist keiner! – Ich bin stolz vor allen Weibern!

Tambourmajor Wenn ich am Sonntag erst den großen Federbusch hab und die weiße Handschuh', Donnerwetter! Der Prinz sagt immer: Mensch, Er ist ein Kerl!

Bibelzitat (Psalm 17,12); vgl. 12.59
Bibelzitat (Judith 13,23; Lukas 1,42); vgl. 12.59
Teile der Tambourmajoruniform

Marie *spöttisch* Ach was! – *Tritt vor ihn hin:* Mann!

Tambourmajor Und du bist auch ein Weibsbild! Sapperment, wir wollen eine Zucht von Tambourmajors anlegen. He? *Er umfaßt sie.*

Fluchwort

sexuell anzügliche, aufdringliche Aufforderung

Marie *verstimmt* Laß mich!

Tambourmajor Wild Tier!

Marie *heftig* Rühr mich an!

Tambourmajor Sieht dir der Teufel aus den Augen?

Marie Meinetwegen! Es is alles eins!

(sprichwörtl.) eine Sünde begehen

Straße [9]

Hauptmann. Doktor. Hauptmann keucht die Straße herunter, hält an; keucht, sieht sich um

Hauptmann Herr Doktor, rennen Sie nicht so! Rudern Sie mit Ihrem Stock nicht so in der Luft! Sie hetzen sich ja hinter dem Tod drein. Ein guter Mensch, der sein gutes Gewissen hat, geht nicht so schnell. Ein guter Mensch – *er erwischt den Doktor am Rock:* Herr Doktor, erlauben Sie, daß ich ein Menschenleben rette!

oberer Teil der Herrenoberbekleidung (Sakko, Jackett, Frack, Gehrock)

Doktor Pressiert, Herr Hauptmann, pressiert!

Hauptmann Herr Doktor, ich bin so schwermütig, ich habe so was Schwärmerisches; ich muß immer weinen, wenn ich meinen Rock an der Wand hängen sehe –.

Seite 44

Doktor Hm! Aufgedunsen, fett, dicker Hals: apoplektische Konstitution. Ja, Herr Hauptmann, Sie können eine Apoplexia cerebri kriegen; Sie können sie aber vielleicht auch nur auf der einen Seite bekommen und dann auf der einen gelähmt sein, oder aber Sie kön-

Symptome eines Schlaganfalls

(lat.) Gehirnschlag

Auswirkung eines Schlaganfalls

nen im besten Fall geistig gelähmt werden und nur fortvegetieren: das sind so ohngefähr Ihre Aussichten auf die nächsten vier Wochen! Übrigens kann ich Sie versichern, daß Sie einen von den interessanten Fällen abgeben, und wenn Gott will, daß Ihre Zunge zum Teil gelähmt wird, so machen wir die unsterblichsten Experimente.

Hauptmann Herr Doktor, erschrecken Sie mich nicht! Es sind schon Leute am Schreck gestorben, am bloßen hellen Schreck. – Ich sehe schon die Leute mit den Zitronen in den Händen; aber sie werden sagen, er war ein guter Mensch, ein guter Mensch – Teufel Sargnagel!

Doktor *hält ihm den Hut hin* Was ist das, Herr Hauptmann? – Das ist Hohlkopf, geehrtester Herr Exerzierzagel!

Hauptmann *macht eine Falte* Was ist das, Herr Doktor? – Das ist Einfalt, bester Herr Sargnagel! Hähähä! Aber nichts für ungut! ich bin ein guter Mensch, aber ich kann auch, wenn ich will, Herr Doktor, hähähä, wenn ich will … *Woyzeck kommt und will vorbeieilen.* He, Woyzeck, was hetzt Er sich so an uns vorbei. Bleib Er doch, Woyzeck! Er läuft ja wie ein offnes Rasiermesser durch die Welt, man schneidt sich an Ihm; Er läuft, als hätt Er ein Regiment Kastrierte zu rasieren und würde gehenkt über dem längsten Haar noch vorm Verschwinden. Aber, über die langen Bärte – was wollt ich doch sagen? Woyzeck: die langen Bärte …

Doktor Ein langer Bart unter dem Kinn, schon Plinius spricht davon, man müßt es den Soldaten abgewöhnen …

Hauptmann *fährt fort* Ha! über die langen Bärte! Wie is,

hier: Gedächtnisstörungen
kümmerlich dahinleben
ungefähr
Auswirkung eines Gehirnschlags
hier: übermäßigen
Seite 44
jemand, der andere in Todesnähe bringt
Seite 44
leichte geistige Beschränktheit, Arglosigkeit
eilt er vorbei
(sprichwörtl.) extreme Unruhe, Untriebigkeit
gemeint sind Kosaken, Seite 44
typisches Erscheinungsbild der Kosaken
Plinius d. Ältere oder Plinius d. Jüngere, (röm. Schriftsteller)
Seite 44

Woyzeck, hat Er noch nicht ein Haar aus einem Bart in seiner Schüssel gefunden? He, Er versteht mich doch? Ein Haar von einem Menschen, vom Bart eines Sapeurs, eines Unteroffiziers, eines – eines Tambourmajors? He, Woyzeck? Aber Er hat eine brave Frau. Geht Ihm nicht wie andern.

(frz.) Pioniers

Woyzeck Jawohl! Was wollen Sie sagen, Herr Hauptmann?

Hauptmann Was der Kerl ein Gesicht macht! … Vielleicht nun auch nicht in der Suppe, aber wenn Er sich eilt und um die Eck' geht, so kann er vielleicht noch auf ein Paar Lippen eins finden. Ein Paar Lippen, Woyzeck – ich habe auch das Lieben gefühlt, Woyzeck. Kerl, Er ist ja kreideweiß!

eine Frau finden

Woyzeck Herr Hauptmann, ich bin ein armer Teufel – und hab sonst nichts auf der Welt. Herr Hauptmann, wenn Sie Spaß machen –

Hauptmann Spaß, ich? Daß dich Spaß, Kerl!

Doktor Den Puls, Woyzeck, den Puls! – Klein, hart, hüpfend, unregelmäßig.

Merkmale eines unnormalen Pulsschlags, auch Hinweis auf Melancholie

Woyzeck Herr Hauptmann, die Erd' is höllenheiß – mir eiskalt, eiskalt – Die Hölle is kalt, wollen wir wetten. – – Unmöglich! Mensch! Mensch! unmöglich!

Hauptmann Kerl, will Er – will Er ein paar Kugeln vor den Kopf haben? Er ersticht mich mit seinen Augen, und ich mein es gut mit Ihm, weil Er ein guter Mensch ist, Woyzeck, ein guter Mensch.

(sprichwörtl.) jemanden anstarren

Doktor Gesichtsmuskeln starr, gespannt, zuweilen hüpfend. Haltung aufgeregt, gespannt.

Woyzeck Ich geh. Es is viel möglich. Der Mensch! Es is viel möglich. – Wir haben schön Wetter, Herr Hauptmann. Sehn Sie, so ein schöner, fester, grauer

hier: starker, eiserner Haken

Bibelzitat (Mt 5,37; Jak 5,12; 2. Kor 1,17)

Himmel; man könnte Lust bekommen, ein' Kloben hineinzuschlagen und sich daran zu hängen, nur wegen des Gedankenstrichels zwischen Ja und wieder Ja – und Nein. Herr Hauptmann, Ja und Nein? Ist das Nein am Ja oder das Ja am Nein schuld? Ich will drüber nachdenken. *Geht mit breiten Schritten ab, erst langsam, dann immer schneller.*

hier: seltenes Ereignis

Doktor *schießt ihm nach* Phänomen! Woyzeck, Zulage!

durchtriebener Kerl, Tunichtgut

bewegt sich gemächlich

Hauptmann Mir wird ganz schwindlig vor den Menschen. Wie schnell! Der lange Schlingel greift aus, als läuft der Schatten von einem Spinnbein, und der Kurze, das zuckelt. Der Lange ist der Blitz und der Kleine der Donner. Haha … Grotesk! grotesk!

Mariens Kammer [10]

Marie. Woyzeck

Einforderung eines Beweises für Maries Untreue

Händen

Woyzeck *sieht sie starr an und schüttelt den Kopf* Hm! Ich seh nichts, ich seh nichts. Oh, man müßt's sehen, man müßt's greifen könne mit Fäusten!

tobsüchtig, geisteskrank

Marie *verschüchtert:* Was hast du, Franz? – Du bist hirnwütig, Franz.

Anspielung auf Bibelstelle (Off 18,5), auch sprichwörtl.: allg. bekanntes Gerücht

wiederholte Anspielung auf Maries Untreue

Woyzeck Eine Sünde, so dick und so breit – es stinkt, daß man die Engelchen zum Himmel hinausräuchern könnt! Du hast ein' roten Mund, Marie. Keine Blase drauf? Wie, Marie, du bist schön wie die Sünde – kann die Todsünde so schön sein?

Marie Franz, du redst im Fieber!

Woyzeck Teufel! – Hat er da gestanden? so? so?

solange

Marie Dieweil der Tag lang und die Welt alt is, können

viel Menschen an einem Platz stehn, einer nach dem andern.

Woyzeck Ich hab ihn gesehn!

Marie Man kann viel sehn, wenn man zwei Auge hat und nicht blind is und die Sonn' scheint.

Woyzeck Mensch! *Geht auf sie los.*

Marie Rühr mich an, Franz! Ich hätt lieber ein Messer in den Leib als deine Hand auf meiner. Mein Vater hat mich nit anzugreifen gewagt, wie ich zehn Jahr alt war, wenn ich ihn ansah.

Woyzeck Weib! – Nein, es müßte was an dir sein! Jeder Mensch is ein Abgrund; es schwindelt einem, wenn man hinabsieht. – Es wäre! Sie geht wie die Unschuld. Nun, Unschuld, du hast ein Zeichen an dir. Weiß ich's? weiß ich's? Wer weiß es? *Er geht.*

Die Wachtstube [11]

Seite 44

Woyzeck. Andres

Andres *singt* Frau Wirtin hat 'ne brave Magd,
Sie sitzt im Garten Tag und Nacht,
Sie sitzt in ihrem Garten …

Variante eines Volkslieds; vgl. 14.103–4

Woyzeck Andres!

Andres Nu?

Woyzeck Schön Wetter.

Andres Sonntagswetter – Musik vor der Stadt. Vorhin sind die Weibsbilder hinaus; die Mensche dampfe, das geht!

dampfen, hier: schwitzen stark

Woyzeck *unruhig* Tanz, Andres, sie tanze!

Andres Im Rössel und in Sternen.

Woyzeck Tanz, Tanz!

Andres Meintwege.

Sie sitzt in ihrem Garten,
Bis daß das Glöcklein zwölfe schlägt,
Und paßt auf die Solda-aten.

Seite 44

Woyzeck Andres, ich hab kei Ruh'.

Andres Narr!

Woyzeck Ich muß hinaus. Es dreht sich mir vor den Augen. Tanz, Tanz! Wird sie heiße Händ' habe! Verdammt, Andres!

Andres Was willst du?

Woyzeck Ich muß fort, muß sehen.

Unruhestifter

Andres Du Unfried! Wegen dem Mensch?

Woyzeck Ich muß hinaus, 's is so heiß dahie.

Wirtshaus [12]

Die Fenster offen, Tanz. Bänke vor dem Haus. Bursche

vermutlich Teil eines Volkslieds; vgl. 4.82–83

Branntwein

Erster Handwerksbursch

Ich hab ein Hemdlein an, das ist nicht mein;
Meine Seele stinkt nach Branndewein –

vertrauliche Anrede

(sprichwörtl.) Androhung von Gewalt

Zweiter Handwerksbursch Bruder, soll ich dir aus Freundschaft ein Loch in die Natur machen? Vorwärts! Ich will ein Loch in die Natur machen! Ich bin auch ein Kerl, du weißt – ich will ihm alle Flöh' am Leib totschlagen.

Bibelzitat (Jak 5,2); vgl. 12.59

weinen

Schmerz über Vergangenes, Sehnsucht nach Vergangenem

Erster Handwerksbursch Meine Seele, meine Seele stinkt nach Branndewein! – Selbst das Geld geht in Verwesung über! Vergißmeinnicht, wie ist diese Welt so schön! Bruder, ich muß ein Regenfaß voll greinen vor Wehmut. Ich wollt, unsre Nasen wären zwei

Bouteillen, und wir könnten sie uns einander in den Hals gießen.

(frz.) Flaschen

Andre *im Chor* Ein Jäger aus der Pfalz
Ritt einst durch einen grünen Wald.
Halli, hallo, ha lustig ist die Jägerei
Allhier auf grüner Heid'.
Das Jagen is mei Freud'.

Teile eines Volkslieds; vgl. 14.103–4

Woyzeck stellt sich ans Fenster. Marie und der Tambourmajor tanzen vorbei, ohne ihn zu bemerken.

Woyzeck Er! Sie! Teufel!

Marie *im Vorbeitanzen* Immer zu, immer zu –

Woyzeck *erstickt* Immer zu – immer zu! *Fährt heftig auf und sinkt zurück auf die Bank:* Immer zu, immer zu! *Schlägt die Hände ineinander:* Dreht euch, wälzt euch! Warum bläst Gott nicht die Sonn' aus, daß alles in Unzucht sich übereinander wälzt, Mann und Weib, Mensch und Vieh?! Tut's am hellen Tag, tut's einem auf den Händen wie die Mücken! – Weib! Das Weib is heiß, heiß! – Immer zu, immer zu! *Fährt auf:* Der Kerl, wie er an ihr herumgreift, an ihrem Leib! Er, er hat sie – wie ich zu Anfang. *Er sinkt betäubt zusammen.*

Bibelzitat (Josua 6,21); vgl. 12.59

(bildl.) ungezügelte Sexualität

Erster Handwerksbursch *predigt auf dem Tisch* Jedoch, wenn ein Wandrer, der gelehnt steht an dem Strom der Zeit oder aber sich die göttliche Weisheit beantwortet und sich anredet: Warum ist der Mensch? Warum ist der Mensch? – Aber wahrlich, ich sage euch: Von was hätte der Landmann, der Weißbinder, der Schuster, der Arzt leben sollen, wenn Gott den Menschen nicht geschaffen hätte? Von was hätte der Schneider leben sollen, wenn er dem Menschen nicht die Empfindung der Scham eingepflanzt hätte, von was der Soldat, wenn er ihn nicht mit dem Bedürfnis

biblische Floskeln (Mose 18,20; Sirach 18,7; Lk 4,24; Mt 6,34; Mt 5,37; Psalm 133,1; Prediger 1,2; 2. Korinther 13,11); vgl. Erkl. zu 12.59

Bauer

Anstreicher, Maler

sich totzuschlagen ausgerüstet hätte? Darum zweifelt nicht – ja, ja, es ist lieblich und fein, aber alles Irdische ist übel, selbst das Geld geht in Verwesung über. Zum Beschluß, meine geliebten Zuhörer, laßt uns noch übers Kreuz pissen, damit ein Jud' stirbt!

zeitgenössische antisemitische Vorstellung

Unter allgemeinem Gejohle erwacht Woyzeck und rast davon.

Freies Feld [13]

Woyzeck Immer zu! immer zu! – Hisch, hasch! so gehn die Geigen und die Pfeifen. – Immer zu! immer zu! – Still, Musik! Was spricht da unten? *Reckt sich gegen den Boden:* Ha! was, was sagt ihr! Lauter! lauter! Stich, stich die Zickwolfin tot?- stich, die Zickwolfin tot! – Soll ich? muß ich? Hör ich's da auch? – Sagt's der Wind auch? – Hör ich's immer, immer zu: stich tot, tot!

Mischung aus Zicklein und Wölfin; hier: Zickwolf = Familienname von Marie

Ein Zimmer in der Kaserne [14]

Seite 44

Nacht. Andres und Woyzeck in einem Bett

Woyzeck *leise* Andres!

Andres *murmelt im Schlaf.*

Woyzeck *schüttelt Andres* He, Andres, Andres!

Andres Na, was is?

Woyzeck Ich kann nit schlafen! Wenn ich die Aug' zumach, dreht sich's immer, und ich hör die Geigen, immer zu, immer zu. Und dann spricht's aus der Wand. Hörst du nix?

Andres Ja – laß sie tanze! Einer is müd, und dann Gott behüt uns, Amen.

Woyzeck Es redt immer: stich! stich! und zieht mir zwischen den Augen wie ein Messer –

Andres Schlaf, Narr! *Er schläft wieder ein.*

Woyzeck Immer zu! immer zu!

optische Halluzination

hier: Wahnwitziger, Wahnsinniger

Der Hof des Doktors [15]

Seite 44

Studenten und Woyzeck unten, der Doktor am Dachfenster

Doktor Meine Herren, ich bin auf dem Dach wie David, als er die Bathseba sah; aber ich sehe nichts als die culs de Paris der Mädchenpension im Garten trocknen. Meine Herren, wir sind an der wichtigen Frage über das Verhältnis des Subjekts zum Objekt. Wenn wir nur eins von den Dingen nehmen, worin sich die organische Selbstaffirmation des Göttlichen auf einem so hohen Standpunkte manifestiert, und ihre Verhältnisse zum Raum, zur Erde, zum Planetarischen untersuchen, meine Herren, wenn ich diese Katze zum Fenster hinauswerfe: wie wird diese Wesenheit sich zum centrum gravitationis gemäß ihrem eigenen Instinkt verhalten? – He, Woyzeck, – *brüllt* – Woyzeck!

Anspielung auf Bibel (2. Sam 11,2); vgl. 12.59

(frz.) Gesäßpolster, die Frauen im 18. u. 19. Jhd. unter den Röcken trugen

Selbstbestätigung

sichtbar, erkennbar werden

hier: Weltraum, Planetensystem

(lat.) Zentrum der Schwerkraft, Erdmittelpunkt

Woyzeck *fängt die Katze auf* Herr Doktor, sie beißt!

Doktor Kerl, Er greift die Bestie so zärtlich an, als wär's seine Großmutter. *Er kommt herunter.*

Woyzeck Herr Doktor, ich hab's Zittern.

Doktor *ganz erfreut* Ei, ei! schön, Woyzeck! *Reibt sich die Hände. Er nimmt die Katze:* Was seh ich, meine

hier: Tier

(bildl.) vertraute, liebevolle Handlung

Seite 44

(lat.) Art
Pelzlaus
(lat.) Antrieb

Herren, die neue Spezies Hasenlaus, eine schöne Spezies … *Er zieht eine Lupe heraus, die Katze läuft fort.* Meine Herren, das Tier hat keinen wissenschaftlichen Instinkt … Sie können dafür was anders sehen. Sehen Sie: der Mensch, seit einem Vierteljahr ißt er nichts als Erbsen; bemerken Sie die Wirkung, fühlen Sie einmal: was ein ungleicher Puls! der und die Augen!

Woyzeck Herr Doktor, es wird mir dunkel! *Er setzt sich.*

(frz.) Mut
damalige Pulsmessmethode
Seite 44
(frz.) auf geht's

Doktor Courage, Woyzeck! Noch ein paar Tage, und dann ist's fertig. Fühlen Sie, meine Herren, fühlen Sie! *Sie betasten ihm Schläfe, Puls und Busen.* Apropos, Woyzeck, beweg den Herren doch einmal die Ohren! Ich hab es Ihnen schon zeigen wollen, zwei Muskeln sind bei ihm tätig. Allons, frisch!

Woyzeck Ach, Herr Doktor!

Hinweis, dass an Woyzeck (Tier-)Versuche verübt werden
als Folge einseitiger Ernäherung

Doktor Bestie, soll ich dir die Ohren bewegen? Willst du's machen wie die Katze? So, meine Herren! Das sind so Übergänge zum Esel, häufig auch die Folge weiblicher Erziehung und die Muttersprache. Wieviel Haare hat dir die Mutter zum Andenken schon ausgerissen aus Zärtlichkeit? Sie sind dir ja ganz dünn geworden seit ein paar Tagen. Ja, die Erbsen, meine Herren!

Kasernenhof [16]

Gefährten, Genossen

Woyzeck Hast nix gehört?

Andres Er is da, noch mit einem Kameraden.

Woyzeck Er hat was gesagt.

Andres Woher weißt du's? Was soll ich's sagen? Nu, er lachte, und dann sagt' er: Ein köstlich Weibsbild! die hat Schenkel, und alles so heiß!

Woyzeck *ganz kalt* So, hat er das gesagt? Von was hat mir doch heut nacht geträumt? War's nicht von einem Messer? Was man doch närrische Träume hat!

hier: wahnsinnige

Andres Wohin, Kamerad?

Woyzeck Mei'm Offizier Wein holen. – Aber, Andres, sie war doch ein einzig Mädel.

meinem

Andres Wer war?

Woyzeck Nix. Adies! *Ab.*

(frz.) Adieu

Wirtshaus [17]

Tambourmajor. Woyzeck. Leute

Tambourmajor Ich bin ein Mann! *schlägt sich auf die Brust:* ein Mann, sag ich. Wer will was? Wer kein besoffner Herrgott ist, der laß sich von mir. Ich will ihm die Nas' ins Arschloch prügeln! Ich will – *zu Woyzeck:* Du Kerl, sauf! Ich wollt, die Welt wär Schnaps, Schnaps – der Mann muß saufen!

der halte sich von mir fern

Woyzeck pfeift.

Kerl, soll ich dir die Zung' aus dem Hals ziehn und sie um den Leib herumwickeln?

Sie ringen, Woyzeck verliert.

Soll ich dir noch so viel Atem lassen als 'en Altweiberfurz, soll ich?

Seite 45

Woyzeck setzt sich erschöpft zitternd auf eine Bank.

Der Kerl soll dunkelblau pfeifen.

(sprichwörtl.) jmd. verprügelt haben

Branndewein, das ist mein Leben,
Branndwein gibt Courage!

Seite 45

Eine Der hat sein Fett.

(sprichwörtl.) sein Fett weghaben, seine Strafe bekommen

Andre Er blut'.

Woyzeck Eins nach dem andern.

Kramladen: kl. Lebensmittel-/Gemischtwarenladen

Kramladen [18]

Woyzeck. Der Jude

Stereotyp eines jüdischen Kleinhändlers

typische jüdische Sprechweise

Woyzeck Das Pistolchen ist zu teuer.

Jude Nu, kauft's oder kauft's nit, was is?

Woyzeck Was kost' das Messer?

angemessen im Preis

preiswerten, billigen

Jude 's ist ganz grad. Wollt Ihr Euch den Hals mit abschneiden? Nu, was is es? Ich geb's Euch so wohlfeil wie ein andrer. Ihr sollt Euern Tod wohlfeil haben, aber doch nit umsonst. Was is es? Er soll einen ökonomischen Tod haben.

Seite 45

Woyzeck Das kann mehr als Brot schneiden –

zwei Groschen (preußische bzw. kurhessische Währung)

Jude Zwee Grosche.

Woyzeck Da! *Geht ab.*

Jude Da! Als ob's nichts wär! Und es is doch Geld. – Du Hund!

Mariens Kammer [19]

Seite 45

Zitat aus dem Märchen „Rumpelstilzchen"

Narr *liegt und erzählt sich Märchen an den Fingern* Der hat die goldne Kron', der Herr König … Morgen hol ich der Frau Königin ihr Kind … Blutwurst sagt: komm, Leberwurst …

Seite 45

Bibelzitat (1. Petrus 2,21 f.); vgl. 12.59

Bibelzitat (Joh 8,3–11); vgl. 12.59

Marie *blättert in der Bibel* ‚Und ist kein Betrug in seinem Munde erfunden' … Herrgott, Herrgott! Sieh mich nicht an! *Blättert weiter:* ‚Aber die Pharisäer brachten ein Weib zu ihm, im Ehebruch begriffen, und stelleten sie ins Mittel dar … Jesus aber sprach: So verdamme ich dich auch nicht. Geh hin und sündige hinfort nicht mehr!' *Schlägt die Hände zusammen:* Herrgott! Herrgott!

Ich kann nicht! – Herrgott, gib mir nur so viel, daß ich beten kann.

Das Kind drängt sich an sie.

Das Kind gibt mir einen Stich ins Herz. – *Zum Narrn:* Karl! Das brüst' sich in der Sonne!

Narr nimmt das Kind und wird still.

Der Franz ist nit gekommen, gestern nit, heut nit. Es wird heiß hier! *Sie macht das Fenster auf und liest wieder:* ‚Und trat hinten zu seinen Füßen und weinete, und fing an, seine Füße zu netzen mit Tränen und mit den Haaren ihres Hauptes zu trocknen, und küssete seine Füße und salbete sie mit Salbe …'

Schlägt sich auf die Brust: Alles tot! Heiland! Heiland! ich möchte dir die Füße salben! –

Metapher für seelischen Schmerz

wärmt

Bibelzitat (Lk 7,37 ff.); vgl. 12.59

Hoffnung auf Vergebung

Kaserne [20]

Andres. Woyzeck kramt in seinen Sachen

Woyzeck Das Kamisolchen, Andres, ist nit zur Montur: du kannst's brauchen, Andres.

Andres *ganz starr, sagt zu allem* Jawohl.

Woyzeck Das Kreuz ist meiner Schwester und das Ringlein.

Andres Jawohl.

Woyzeck Ich hab auch noch ein' Heiligen, zwei Herze und schön Gold – es lag in meiner Mutter Bibel, und da steht:

Herr! wie dein Leib war rot und wund,
So laß mein Herz sein aller Stund'.

kurze, eng anliegende Männerjacke, Weste

Kleidung des gewöhnlichen Soldaten

gehört

hier: Heiligenbild

vermutlich Heiligenspruch

eigentl.: Johann Christian Woyzeck

Rekrut, Soldat in Ausbildung

Infanterist, Fußsoldat

2 × Seite 45

Militärkrankenhaus

zeitgenössische medizinische Praxis

Redewendung für „gestorben sein"

Mein Mutter fühlt nur noch, wenn ihr die Sonn' auf die Händ' scheint – das tut nix.

Andres Jawohl.

Woyzeck *zieht ein Papier hervor* Friedrich Johann Franz Woyzeck, Wehrmann, Füsilier im 2. Regiment, 2. Bataillon, 4. Kompanie, geboren Mariä Verkündigung, den 20. Juli. – Ich bin heut alt 30 Jahr, 7 Monat und 12 Tage.

Andres Franz, du kommst ins Lazarett. Armer, du mußt Schnaps trinken und Pulver drin, das töt' das Fieber.

Woyzeck Ja, Andres, wenn der Schreiner die Hobelspäne sammelt, es weiß niemand, wer seinen Kopf drauflegen wird.

Straße [21]

Marie mit Mädchen vor der Haustür, Großmutter; später Woyzeck

Maria Lichtmess, Kirchenfest am 2. Februar

vermutlicher Teil eines Volkslieds; vgl. 14.103–4

Umschreibung für Tanzmusik

Mädchen Wie scheint die Sonn' am Lichtmeßtag
Und steht das Korn im Blühn.
Sie gingen wohl die Wiese hin,
Sie gingen zu zwein und zwein.
Die Pfeifer gingen voran,
Die Geiger hinterdrein,
Sie hatten rote Socken an …

Erstes Kind Das ist nit schön.

Zweites Kind Was willst du auch immer!

Erstes Kind Marie, sing du uns!

Marie Ich kann nit.

Erstes Kind Warum?

Marie Darum.

Zweites Kind Aber warum darum?

Drittes Kind Großmutter, erzähl!

Großmutter Kommt, ihr kleinen Krabben! – Es war einmal ein arm Kind und hatt kein' Vater und keine Mutter, war alles tot, und war niemand mehr auf der Welt. Alles tot, und es is hingangen und hat gesucht Tag und Nacht. Und weil auf der Erde niemand mehr war, wollt's in Himmel gehen, und der Mond guckt es so freundlich an; und wie es endlich zum Mond kam, war's ein Stück faul Holz. Und da is es zur Sonn' gangen, und wie es zur Sonn' kam, war's ein verwelkt Sonneblum'. Und wie's zu den Sternen kam, waren's kleine goldne Mücken, die waren angesteckt, wie der Neuntöter sie auf die Schlehen steckt. Und wie's wieder auf die Erde wollt, war die Erde ein umgestürzter Hafen. Und es war ganz allein. Und da hat sich's hingesetzt und geweint, und da sitzt es noch und is ganz allein.

Woyzeck *erscheint* Marie!

Marie *erschreckt* Was is?

Woyzeck Marie, wir wollen gehen. 's is Zeit.

Marie Wohin?

Woyzeck Weiß ich's?

Teile eines Kinderreimes

hier: kleine Kinder

typischer Märchenbeginn, Seite 45

europäische Vogelart, die ihre Beute auf Dornen aufspießt

Zitat aus der Schauerliteratur

Waldsaum am Teich [22]

Waldsaum: Randbereich eines Waldes

Marie und Woyzeck

Marie Also dort hinaus is die Stadt. 's is finster.

Woyzeck Du sollst noch bleiben. Komm, setz dich!

Marie Aber ich muß fort.

Woyzeck Du wirst dir die Füß' nit wund laufe.

dunkel

Marie Wie bist du nur auch!

Woyzeck Weißt du auch, wie lang es jetzt is, Marie?

Marie Am Pfingsten zwei Jahr.

Woyzeck Weißt du auch, wie lang es noch sein wird?

Marie Ich muß fort, das Nachtessen richten.

Woyzeck Friert's dich, Marie? Und doch bist du warm. Was du heiße Lippen hast! heiß, heißen Hurenatem! Und doch möcht ich den Himmel geben, sie noch einmal zu küssen. – Friert's dich? Wenn man kalt is, so friert man nicht mehr. Du wirst vom Morgentau nicht frieren.

Niederschlag von feinen Wassertröpfchen

Marie Was sagst du?

Woyzeck Nix. *Schweigen.*

Marie Was der Mond rot aufgeht!

Woyzeck Wie ein blutig Eisen.

Ankündigung der Bluttat; Eisen, hier: spitzer Gegenstand, Messer etc.

Seite 45

Marie Was hast du vor? Franz, du bist so blaß. – *Er holt mit dem Messer aus.* Franz, halt ein! Um des Himmels willen, Hilfe, Hilfe!

Woyzeck *sticht drauflos* Nimm das und das! Kannst du nicht sterben? So! so! – Ha, sie zuckt noch; noch nicht? noch nicht? Immer noch – *stößt nochmals zu.* – Bist du tot? Tot! tot! *Er läßt das Messer fallen und läuft weg.*

Das Wirtshaus [23]

Seite 45

Woyzeck Tanzt alle, immer zu! schwitzt und stinkt! Er holt euch doch einmal alle! *Singt.*

Ach, Tochter, liebe Tochter,
Was hast du gedenkt,
Daß du dich an die Landkutscher
Und die Fuhrleut' hast gehenkt.

Er tanzt. So, Käthe! setz dich! Ich hab heiß, heiß! *Er zieht den Rock aus.* Es ist einmal so, der Teufel holt die eine und läßt die andre laufen. Käthe, du bist heiß! Warum denn? Käthe, du wirst auch noch kalt werden. Sei vernünftig. – Kannst du nicht singen?

Mir ist heiß

Käthe *singt:*
Ins Schwabenland, das mag ich nicht,
Und lange Kleider trag ich nicht,
Denn lange Kleider, spitze Schuh',
Die kommen keiner Dienstmagd zu.

Teile eines Volkslieds; vgl. 14.103 f.

Woyzeck Nein, keine Schuh', man kann auch ohne Schuh' in die Höll' gehen.

Hinweis auf Maries „Sünden"

Käthe *singt:*
O pfui, mein Schatz, das war nicht fein,
Behalt dein Taler und schlaf allein.

Geld

Woyzeck Ja, wahrhaftig, ich möchte mich nicht blutig machen.

tatsächlich

Käthe Aber was hast du an deiner Hand?

Woyzeck Ich? ich?

Käthe Rot! Blut!

Es stellen sich Leute um sie.

Woyzeck Blut? Blut?

Wirt Uu – Blut!

Woyzeck Ich glaub, ich hab mich geschnitten, da an der rechten Hand.

Wirt Wie kommt's aber an den Ellenbogen?

Woyzeck Ich hab's abgewischt.

Wirt Was, mit der rechten Hand an den rechten Ellenbogen? Ihr seid geschickt!

Narr Und da hat der Ries' gesagt: ich riech, ich riech Menschenfleisch. Puh, das stinkt schon!

Seite 45

Bibelzitat (Joh 11,39); vgl. 12.59

Woyzeck Teufel, was wollt ihr? Was geht's euch an? Platz, oder der erste – Teufel! Meint ihr, ich hätt jemand umgebracht? Bin ich ein Mörder? Was gafft ihr? Guckt euch selbst an! Platz da! *Er läuft hinaus.*

starr und staunend schauen

Am Teich [24]

Woyzeck allein

Das Messer? Wo ist das Messer? Ich hab es dagelassen. Es verrät mich! Näher, noch näher! Was is das für ein Platz? Was hör ich? Es rührt sich was. Still. – Da in der Nähe. Marie? Ha, Marie! Still. Alles still! Was bist du so bleich, Marie? Was hast du eine rote Schnur um den Hals? Bei wem hast du das Halsband verdient mit deinen Sünden? Du warst schwarz davon, schwarz! Hab ich dich gebleicht? Was hängen deine Haare so wild? Hast du deine Zöpfe heut nicht geflochten? … – Das Messer, das Messer! Hab ich's? So! *Er läuft zum Wasser.* So, da hinunter! *Er wirft das Messer hinein.* Es taucht in das dunkle Wasser wie ein Stein. – Nein, es liegt zu weit vorn, wenn sie sich baden. *Er geht in den Teich und wirft weit.* So, jetzt – aber im Sommer, wenn sie tauchen nach Muscheln? – Bah, es wird rostig, wer kann's erkennen. – Hätt ich es zerbrochen! – – Bin ich noch blutig? Ich muß mich waschen. Da ein Fleck, und da noch einer …

Es kommen Leute.

Hinweis auf durchgeschnittene Kehle, auch: das Mal von Hingerichteten

(bildl.) Strang

getötet

Seite 45

Erste Person Halt!

Zweite Person Hörst du? Still! Dort!

Erste Uu! Da! Was ein Ton!

Zweite Es ist das Wasser, es ruft: schon lang ist niemand ertrunken. Fort! es ist nicht gut, es zu hören!

Erste Uu! jetzt wieder! – wie ein Mensch, der stirbt!

Zweite Es ist unheimlich! So dunstig, allenthalben Nebelgrau – und das Summen der Käfer wie gesprungne Glocken. Fort!

Erste Nein, zu deutlich, zu laut! Da hinauf! Komm mit!

überall

(bildl.) das Beklagen von Maries Tod

Wort- und Sacherklärungen

Hinweise zur Textedition

Büchners „Woyzeck“ ist Fragment geblieben; der Text wurde vom Autor selbst nicht vollendet. Dies hat u.a. dazu geführt, dass die Reihenfolge der einzelnen Szenen und auch deren Ausgestaltung nicht in einer einheitlichen Form vorliegen. Vielmehr umfasst deren Textgrundlage eine Reihe von Handschriften, deren einzelne Entwurfsstufen in der Vergangenheit die Büchner-Forschung vielfach befördert und zu zahlreichen wissenschaftlichen Diskussionen geführt haben.
Mit der vorliegenden Textfassung sollen diese zweifellos wichtigen und notwendigen Forschungsfragen aber keineswegs um einen weiteren Beitrag fortgeführt, sondern insbesondere Schülerinnen und Schülern und allgemein interessierten Benutzern eine verständliche Leseausgabe angeboten werden.
Vorsatz ist es daher nicht, die potenziellen Fassungen des „Woyzeck“ um einen weiteren, gar als endgültig und abschließend sich gerierenden Vorschlag zu ergänzen. Der Text folgt auch deshalb den von Henri Poschmann in der „Bibliothek deutscher Klassiker“ (Aufbau Verlag Berlin und Weimar 1964) herausgegebenen Werken Büchners in einem Band, der den Lesern einen weitestgehend fortlaufenden Handlungsverlauf präsentiert. Die Szenen wurden wegen der besseren Übersichtlichkeit durchnummeriert (z.B. Straße [9]).

Woyzeck: Der Titel des Stücks geht zurück auf Karl Emil Fran- 11.0
zos (vgl. Material 15).

Woyzeck: Johann Christian Woyzeck (geb. 3.1.1780 Leipzig, 11.2
gest. 27.8.1824 ebendort), Sohn eines Perückenmachers, ging nach einer gescheiterten Handwerkerlehre als Soldat zunächst in holländische, dann schwedische und schließlich mecklenburgische Dienste; kam im Winter 1818 zurück nach Leipzig und begann eine Affäre mit der Stieftochter seiner Vermieterin. Es folgten Eifersuchtsszenen aufgrund deren sexuellen Umgangs mit Leipziger Stadtsoldaten und eine Verurteilung Woyzecks wegen Misshandlung. Am 2. Juni 1821 erstach Woyzeck seine Geliebte; nach einer Reihe von Gerichtsgutachten zu seinem ‚Fall‘ wurde er zum Tode verurteilt und hingerichtet.

11.2 **Marie:** (frz.) „die von Gott geliebte“, „die Widerspenstige“, „die dem Meer entsprossene“, „die Betrübte“, „die Schöne“; in der Figur Marie spiegelt sich bereits namentlich die biblische Sünderin Maria Magdalena; auch die von Marie häufig zitierten Bibelstellen verweisen auf diesen Zusammenhang.

11.3 **Hauptmann:** Der Rang des Hauptmanns steht über dem Premierleutnant und unter dem Major.

11.3 **Tambourmajor:** Militärischer Anführer der Trommler eines Infanterieregiments, steht im Rang eines Unteroffiziers.

11.4 **Unteroffizier:** Militärischer Dienstgrad mit Befehlsfunktion, ohne Offiziersrang.

11.5 **Marktschreier:** Händler, der auf dem Jahrmarkt seine Ware laut und aufdringlich anpreist.

11.20 **früh fertig:** Langeweile, wie sie hier der Hauptmann äußert, ist ein zentrales Motiv bei Büchner, so auch für Danton aus „Danton’s Tod“, Prinz Leonce aus „Leonce und Lena“ und Lenz aus der gleichnamigen Erzählung.

12.35 **ich werd melancholisch:** Als Auslöser von Melancholie galt zu Büchners Zeiten das Unbehagen angesichts der steten Wiederkehr gleicher Abläufe.

12.39 **gutes Gewissen:** Auch im Clarus-Guachten (vgl. Mat. 10) wird Woyzecks Verhalten auf eine „Gewissensunruhe“ zurückgeführt.

12.49 **Er ist ein guter Mensch:** Auch im Clarus-Gutachten (vgl. Material 10) heißt es: „wenn die Leute von ihm gesagt hätten, daß er ein guter Mensch sey“.

12.59 **Lasset die Kleinen zu mir kommen:** Abgewandeltes Bibelzitat (Mk 10,14); durch die zahlreichen, zum Teil auch wörtlichen Bibelzitate unterstreicht Büchner, wie sehr das Denken von Woyzeck, Marie, aber auch der insgesamt dargestellten, „unmündigen“ Gesellschaft von religiösen Vorstellungen geprägt war, die in der Bibel etwa Antworten auf ihre ungelösten Daseinsfragen suchten und damit auch ihre soziale Situation bzw. ihr Leben in Armut herleiten sollten. Außerdem wirkt Woyzecks Wahnsinn religiös motiviert.

13.64 **Wer kein Geld hat:** Um heiraten zu können, hätten Woyzeck und seine Verlobte gemäß damals gültiger militärischer Bestimmungen jeweils 600 Gulden Vermögen nachweisen müssen.

13.89 **du denkst zuviel:** Auch Clarus (vgl. Material 10) unterstreicht Woyzecks Hang zum „fortgesetzten Nachgrübeln“.

Da rollt abends der Kopf: Andeutung einer potenziellen Hinrichtung oder auch der Auferstehung von Geköpften, die in der Dämmerung am Platz ihrer Hinrichtung mit ihren Köpfen kegeln. 14.98–99

Freimaurer: Mitglieder eines geheimen Männerbundes mit humanitärer Zielsetzung; Woyzeck hat laut Clarus in seinem Verhör angegeben (vgl. Material 10), dass er „von reisenden Handwerksburschen allerhand nachtheilige Gerüchte über die Freimaurer gehört" habe. 14.101–2

Saßen dort zwei Hasen, Fraßen ab das grüne, grüne Gras: Teile eines Volkslieds; diese Lieder verleihen den Szenen Volkstümlichkeit, charakterisieren aber auch den Schauplatz, den Dialekt, d.h. das einfache Volk; zudem werden dadurch Einblicke in die psychische Situation der sich entsprechend äußernden Figuren gegeben. 14.103–4

Ein Feuer fährt um den Himmel und ein Getös herunter wie Posaunen: Im Clarus-Gutachten (vgl. Material 10) heißt es, Woyzeck habe am Himmel u.a. drei feurige Streifen gesehen; hier deuten sich Halluzinationen und Woyzecks geistige Störung an. In der Bibel wird auf ähnliche Art und Weise der Untergang von Sodom und Gomorrha angekündigt (Moses 19,24–26). 14.117–18

Er schnappt noch über mit den Gedanken: Im Clarus-Gutachten wird berichtet, Woyzeck sorge sich, „daß er von den Freimaurern verfolgt werde", und messe den Träumen und Geistererscheinungen besondere Bedeutung zu. 16.169–70

Und die Frau hat Hosen: (bildl.) In Äußerlichkeiten spiegelt sich die soziale Rolle wider. 17.201

Aber, Herr Doktor, wenn einem die Natur kommt: Hinweis auf zeitgenössische Annahmen, dass Menschen auch eine „tierische Natur" besitzen. 20.298–99

dem Willen unterworfen ist: Ironische Anspielung auf die zeitgenössische medizinische Lehrmeinung, Funktionen des menschlichen Verdauungssystems seien willkürlich. 20.302–3

in dem Menschen verklärt sich die Individualität zur Freiheit: Ironische Anspielung auf Woyzecks Unmündigkeit. 20.303–5

Es gibt eine Revolution in der Wissenschaft, ich sprenge sie in die Luft: Unklar ist, welches wissenschaftliche Ziel der Doktor mit seinen Experimenten an Woyzeck verfolgt; vermutlich will er einen Zusammenhang zwischen einer (Erbsen-)Diät und dadurch ausgelösten psychischen Störungen nachweisen, was sich im Urin 21.308–10 zeigen soll. Dadurch könnte diese Untersuchungsmethode Rückschlüsse auf den Geisteszustand des Patienten erlauben.

22.349 **Immer ordentlich:** Clarus (vgl. Material 10) sieht in der Beobachtung, dass Woyzeck seine Geschäfte „immer ordentlich" verrichtet habe, einen Beweis für dessen Zurechnungsfähigkeit.

23.386–87 **Herr Doktor, ich bin so schwermütig, ich habe so was Schwärmerisches:** Schwermut und Schwärmerei galten zeitgenössisch als potenzielle Krankheitszustände; heute bedingt vergleichbar mit manischer Depression.

24.404–5 **Ich sehe schon die Leute mit den Zitronen in den Händen:** Brauch bei Begräbnissen; indem man dem Sterbenden Zitronen unter die Nase hielt, wollte man feststellen, ob er dem Tode schon nah sei; außerdem dienten Zitronen als Grabschmuck und wurden dazu verwendet, den Verwesungsgeruch vom eigenen Körper abzuhalten.

24.409–10 **Exerzierzagel:** Soldat, der bei militär. Übungen hinterherläuft.

24.419 **Kastrierte:** Kosaken, ukrainisch-russischer Volksstamm aus kühnen Reitern in Militärdienst.

24.425–26 **man müßt es den Soldaten abgewöhnen:** Der Doktor verwechselt hier vermutlich Plinus mit dem griech. Philosophen Plutarch von Chäronea (um 45 n. Chr. – ca. 125 n. Chr.), der berichtet, Alexander der Große habe seinen Soldaten verboten, Bärte zu tragen, damit sich die Gegner im Nahkampf nicht mehr daran festhalten können sollten.

27.506 **Wachtstube:** Wachstube, Aufenthaltsraum e. Wachmannschaft.

28.524 **ich hab kei' Ruh:** Auch Clarus erwähnt des Öfteren Woyzecks innere Unruhe.

30.598 **in einem Bett:** Zu Büchners Zeiten schliefen Soldaten in der Kaserne zu zweit in einem Bett.

31.614 **Der Hof des Doktors:** Zu Büchners Zeiten wurden Vorlesungen oftmals in der Wohnung der Hochschullehrer abgehalten.

31.633 **Herr Doktor, ich hab's Zittern:** Clarus schreibt (vgl. Material 10), Woyzeck habe am ganzen Körper gezittert – hier deuten sich die Folgen der Erbsendiät an, die Teil der Experimente des Doktors sind.

32.647 **beweg den Herren doch einmal die Ohren:** Hinweis auf die Herabwürdigung Woyzecks als bewegtes Tier; Büchner hatte in einer Anatomievorlesung ein ähnliches Verhalten eines Professors gegenüber einem Studenten miterlebt.

Soll ich dir noch so viel Atem lassen als 'en Altweiberfurz: Sprichwörtlich für die Androhung von Gewalt. 33.686–87

Branndewein, das ist mein Leben, Branndwein gibt Courage: Vermutlich Teil eines Volkslieds; vgl. 14.103 f. 33.690–91

Das kann mehr als Brot schneiden: Anpielung auf das Messer als späteres Mordinstrument. 34.705

goldne Kron': Stereotypisch für einen Menschen mit großer Macht und viel Einfluss. 34.712

Blutwurst sagt: komm, Leberwurst: Vermutlich Anspielung auf das Märchen „Die wunderliche Gasterei", in dem die Blutwurst ein Mörder ist, der die Leberwurst mit einem langen Messer bedroht; somit wird hier auch Woyzecks Mordtat angekündigt. 34.713–14

2. Regiment, 2. Bataillon, 4. Kompanie: Regiment: militärischer Verband der gleichen Waffengattung aus mehreren Bataillonen; Bataillon: Truppenverband mit mehreren Kompanien; Kompanie: kleinste, selbstständige Truppeneinheit. 36.755–56

Mariä Verkündigung, den 20. Juli: Mariä Verkündigung wird am 25. März gefeiert; vermutlich hat Büchner dieses christliche Fest mit Maria Empfängnis (eigentlich 8. Dezember) verwechselt bzw. sich auch mit dem Datum verrechnet. 36.756–57

Es war einmal ein arm Kind [...] und is ganz allein: In Zeile 784–797 Verarbeitung mehrerer Märchenmotive, u. a. aus „Die sieben Raben", „Die Sterntaler" und „Das singende, springende Löweneckerchen". 37.783–97

Nimm das und das: Im Clarus-Gutachten (vgl. Material 10) ist von Woyzecks Aussage die Rede, Woyzeck habe zugestoßen, ohne zu wissen, was er tue. 38.827

Tanzt alle, immer zu: Von Clarus (vgl. Material 10) wird berichtet, Woyzeck habe nach eigener Aussage nachts im Bett gelegen und an seine Geliebte gedacht, die mit einem anderen Mann beim Tanz sein könnte, und dabei „im Takte die Worte: Immer drauf, immer drauf!" gehört. 38.833

Und da hat der Ries' gesagt: ich riech, ich riech Menschenfleisch: Zitat eines Motivs aus den Märchen „Die drei Raben" und „Von dem Teufel mit drei goldenen Haaren". 39.866–67

Er wirft das Messer hinein: Woyzeck hat nach Clarus ausgesagt, er habe – allerdings bereits einige Zeit vor dem Mord – „den Degen in den Teich" werfen wollen. 40.884

Materialien

Material 1

Brief von Georg Büchner an die Braut (März 1834)
(in: Georg Büchner: Werke und Briefe. Gesamtausgabe. Neue, durchgesehene Ausgabe, hrsg. v. Fritz Bergemann, Insel, [7]Leipzig 1967, S. 394–396)

Hier ist kein Berg, wo die Aussicht frei sei. Hügel hinter Hügel und breite Täler, eine hohle Mittelmäßigkeit in allem; ich kann mich nicht an diese Natur gewöhnen, und die Stadt ist abscheulich.

Bei uns ist Frühling, ich kann Deinen Veilchenstrauß immer ersetzen, er ist unsterblich wie der Lama. Lieb Kind, was macht denn die gute Stadt Straßburg? Es geht dort allerlei vor, und Du sagst kein Wort davon. Je baise les petites mains, en goûtant les souvenirs doux de Strasbourg. – „Prouve-moi que tu m'aimes encore beaucoup en me donnant bientôt des nouvelles." Und ich ließ Dich warten! Schon seit einigen Tagen nehme ich jeden Augenblick die Feder in die Hand, aber es war mir unmöglich, nur ein Wort zu schreiben. Ich studierte die Geschichte der Revolution. Ich fühlte mich wie zernichtet unter dem gräßlichen Fatalismus der Geschichte. Ich finde in der Menschennatur eine entsetzliche Gleichheit, in den menschlichen Verhältnissen eine unabwendbare Gewalt, allen und keinem verliehen. Der einzelne nur Schaum auf der Welle, die Größe ein bloßer Zufall, die Herrschaft des Genies ein Puppenspiel, ein lächerliches Ringen gegen ein ehernes Gesetz, es zu erkennen das Höchste, es zu beherrschen unmöglich. Es fällt mir nicht mehr ein, vor den Paradegäulen und Eckstehern der Geschichte mich zu bücken. Ich gewöhnte mein Auge ans Blut. Aber ich bin kein Guillotinenmesser. Das *Muß* ist eins von den Verdammungsworten, womit der Mensch getauft worden. Der Ausspruch: es muß ja Ärgernis kommen, aber wehe dem, durch den es kommt – ist schauderhaft. Was ist das, was in uns lügt, mordet, stiehlt? Ich mag dem Gedanken nicht weiter nachgehen. Könnte ich aber dies kalte und gemarterte Herz an Deine Brust legen!

B[oeckel] wird Dich über mein Befinden beruhigt haben, ich schrieb ihm. Ich verwünsche meine Gesundheit. Ich glühte, das Fieber bedeckte mich mit Küssen und umschlang mich wie der

Arm der Geliebten. Die Finsternis wogte über mir, mein Herz schwoll in unendlicher Sehnsucht; es drangen Sterne durch das Dunkel, und Hände und Lippen bückten sich nieder. Und jetzt? Und sonst? Ich habe nicht einmal die Wollust des Schmerzes und des Sehnens. Seit ich über die Rheinbrücke ging, bin ich wie in mir vernichtet, ein einzelnes Gefühl taucht nicht in mir auf. Ich bin ein Automat; die Seele ist mir genommen. Ostern ist noch mein einziger Trost; ich habe Verwandte bei Landau, ihre Einladung und die Erlaubnis, sie zu besuchen. Ich habe die Reise schon tausendmal gemacht und werde nicht müde.
Du frägst mich: sehnst Du Dich nach mir? Nennst Du's Sehnen, wenn man nur in *einem* Punkt leben kann, und wenn man davon gerissen ist und dann nur noch das Gefühl seines Elendes hat? Gib mir doch Antwort. Sind meine Lippen so kalt? ... Dieser Brief ist ein Charivari: ich tröste Dich mit einem andern.

Material 2

Brief von Georg Büchner an August Stöber (9. Dezember 1833)
(in: Georg Büchner: Werke und Briefe. Gesamtausgabe. Neue, durchgesehene Ausgabe, hrsg. v. Fritz Bergemann, Insel, 7Leipzig 1967, S. 396 f., hier S. 397)

[...] Ich werfe mich mit aller Gewalt in die Philosophie. Die Kunstsprache ist abscheulich, ich meine, für menschliche Dinge müßte man auch menschliche Ausdrücke finden; doch das stört mich nicht, ich lache über meine Narrheit und meine, es gäbe im Grund genommen doch nichts als taube Nüsse zu knacken. Man muß aber unter der Sonne doch auf irgendeinem Esel reiten, und so sattle ich in Gottes Namen den meinigen; fürs Futter ist mir nicht bang, an Distelköpfen wird's nicht fehlen, solang die Buchdruckerkunst nicht verloren geht. [...]
Die politischen Verhältnisse könnten mich rasend machen. Das arme Volk schleppt geduldig den Karren, worauf die Fürsten und Liberalen ihre Affenkomödie spielen. Ich bete jeden Abend zum Hanf und zu den Laternen. [...]

Material 3

Brief von Georg Büchner an die Familie (Februar 1834) (in: Georg Büchner: Werke und Briefe. Gesamtausgabe. Neue, durchgesehene Ausgabe, hrsg. v. Fritz Bergemann, Insel, [7]Leipzig 1967, S. 398 f.)

Ich verachte niemanden, am wenigsten wegen seines Verstandes oder seiner Bildung, weil es in niemands Gewalt liegt, kein Dummkopf oder kein Verbrecher zu werden – weil wir durch gleiche Umstände wohl alle gleich würden und weil die Umstände außer uns liegen. Der Verstand nun gar ist nur eine sehr geringe Seite unsers geistigen Wesens und die Bildung nur eine sehr zufällige Form desselben. Wer mir eine solche Verachtung vorwirft, behauptet, daß ich einen Menschen mit Füßen träte, weil er einen schlechten Rock anhätte. Es heißt dies, eine Roheit, die man einem im Körperlichen nimmer zutrauen würde, ins Geistige übertragen, wo sie noch gemeiner ist. Ich kann jemanden einen Dummkopf nennen, ohne ihn deshalb zu verachten; die Dummheit gehört zu den allgemeinen Eigenschaften der menschlichen Dinge; für ihre Existenz kann ich nichts, es kann mir aber niemand wehren, alles, was existiert, bei seinem Namen zu nennen und dem, was mir unangenehm ist, aus dem Wege zu gehn. Jemanden kränken, ist eine Grausamkeit; ihn aber zu suchen oder zu meiden, bleibt meinem Gutdünken überlassen. *Daher* erklärt sich mein Betragen gegen alte Bekannte: ich kränkte keinen und sparte mir viel Langeweile; halten sie mich für hochmütig, wenn ich an ihren Vergnügungen oder Beschäftigungen keinen Geschmack finde, so ist es eine Ungerechtigkeit; mir würde es nie einfallen, einem andern aus dem nämlichen Grunde einen ähnlichen Vorwurf zu machen. Man nennt mich einen Spötter. Es ist wahr, ich lache oft; aber ich lache nicht darüber, *wie* jemand ein Mensch, sondern nur darüber, dass er ein Mensch ist, wofür er ohnehin nichts kann, und lache dabei über mich selbst, der ich sein Schicksal teile. Die Leute nennen das Spott, sie vertragen es nicht, daß man sich als Narr produziert und sie duzt; sie sind Verächter, Spötter und Hochmütige, weil sie die Narrheit nur *außer sich* suchen. Ich habe freilich noch eine Art von Spott, es ist aber nicht der der Verachtung, sondern der des Hasses. Der Haß ist so gut erlaubt als die Liebe, und ich hege ihn im vollsten Maße gegen die, welche verachten. Es ist deren eine große Zahl, die, im Besitz einer lächerlichen Äußerlichkeit, die man Bildung, oder eines toten Krams, den man Gelehrsamkeit heißt, die große Masse ihrer Brüder ihrem verachtenden Egoismus opfern. Der Aristokratismus ist die schändlichste Verachtung des Heiligen Geistes im Menschen; gegen ihn kehre ich seine eigenen Waffen: Hochmut gegen Hochmut, Spott gegen Spott.

Ihr würdet Euch besser bei meinem Stiefelputzer nach mir umsehn; mein Hochmut und Verachtung Geistesarmer und Ungelehrter fände dort wohl ihr bestes Objekt Ich bitte, fragt ihn einmal … Die Lächerlichkeit des Herablassens werdet Ihr mir doch wohl nicht zutrauen. Ich hoffe noch immer, daß ich leidenden, gedrückten Gestalten mehr mitleidige Blicke zugeworfen als kalten, vornehmen Herzen bittere Worte gesagt habe.

Material 4

Brief von Georg Büchner an Karl Gutzkow (1835)
(in: Georg Büchner: Werke und Briefe. Gesamtausgabe. Neue, durchgesehene Ausgabe, hrsg. v. Fritz Bergemann, Insel, Leipzig [7]1967, S. 418)

Die ganze Revolution hat sich schon in Liberale und Absolutisten geteilt und muß von der ungebildeten und armen Klasse aufgefressen werden. Das Verhältnis zwischen Armen und Reichen ist das einzige revolutionäre Element in der Welt; der Hunger allein kann die Freiheitsgöttin, und nur ein Moses, der uns die sieben ägyptischen Plagen auf den Hals schickte, könnte ein Messias werden. Mästen Sie die Bauern, und die Revolution bekommt die Apoplexie. Ein Huhn im Topfe jedes Bauern macht den gallischen Hahn verenden.

Material 5

Brief von Georg Büchner an die Familie (28. Juli 1835)
(in: Georg Büchner: Werke und Briefe. Gesamtausgabe. Neue, durchgesehene Ausgabe, hrsg. v. Fritz Bergemann, Insel, Leipzig [7]1967, S. 421–423)

[…] Der dramatische Dichter ist in meinen Augen nichts als ein Geschichtschreiber, steht aber *über* letzterem dadurch, daß er uns die Geschichte zum zweiten Mal erschafft und uns gleich unmittelbar, statt eine trockene Erzählung zu geben, in das Leben einer

Zeit hinein versetzt, uns statt Charakteristiken Charaktere und statt Beschreibungen Gestalten gibt. Seine höchste Aufgabe ist, der Geschichte, wie sie sich wirklich begeben, so nahe als möglich zu kommen. Sein Buch darf weder sittlicher noch unsittlicher sein als die Geschichte selbst [...]. Der Dichter ist kein Lehrer der Moral, er erfindet und schafft Gestalten, er macht vergangene Zeiten wieder aufleben, und die Leute mögen dann daraus lernen, so gut wie aus dem Studium der Geschichte und der Beobachtung dessen, was im menschlichen Leben um sie herum vorgeht. Wenn man *so* wollte, dürfte man keine Geschichte studieren, weil sehr viele unmoralische Dinge darin erzählt werden, müßte mit verbundenen Augen über die Gasse gehen, weil man sonst Unanständigkeiten sehen könnte, und müßte über einen Gott Zeter schreien, der eine Welt erschaffen, worauf so viele Liederlichkeiten vorfallen. Wenn man mir übrigens noch sagen wollte, der Dichter müsse die Welt nicht zeigen, wie sie ist, sondern wie sie sein solle, so antworte ich, dass ich es nicht besser machen will als der liebe Gott, der die Welt gewiß gemacht hat, wie sie sein soll. Was noch die sogenannten Idealdichter anbetrifft, so finde ich, daß sie fast nichts als Marionetten mit himmelblauen Nasen und affektiertem Pathos, aber nicht Menschen von Fleisch und Blut gegeben haben, deren Leid und Freude mich mitempfinden macht und deren Tun und Handeln mir Abscheu oder Bewunderung einflößt. Mit einem Wort, ich halte viel auf Goethe oder Shakespeare, aber sehr wenig auf Schiller. [...]

Material 6

Brief von Georg Büchner an Karl Gutzkow (1836)
(in: Georg Büchner: Werke und Briefe. Gesamtausgabe. Neue, durchgesehene Ausgabe, hrsg. v. Fritz Bergemann, Insel, 7Leipzig 1967, S. 433–435, hier S. 434 f.)

[...] Übrigens, um aufrichtig zu sein, Sie und Ihre Freunde scheinen mir nicht grade den klügsten Weg gegangen zu sein. Die Gesellschaft mittelst der Idee, von der gebildeten Klasse aus reformieren? Unmöglich! Unsere Zeit ist rein materiell; wären Sie je direkter politisch zu Werke gegangen, so wären Sie bald auf den Punkt gekommen, wo die Reform von selbst aufgehört hätte. Sie werden nie über den Riß zwischen der gebildeten und ungebildeten Gesellschaft hinauskommen.

Ich habe mich überzeugt, die gebildete und wohlhabende Minorität, so viel Konzessionen sie auch von der Gewalt für sich begehrt, wird nie ihr spitzes Verhältnis zur großen Klasse aufgeben wollen. Und die große Klasse selbst? Für sie gibt es nur zwei Hebel: materielles Elend und religiöser Fanatismus. Jede Partei, welche diese Hebel anzusetzen versteht, wird siegen. Unsere Zeit braucht Eisen und Brot – und dann ein Kreuz oder sonst so was. Ich glaube, man muß in sozialen Dingen von einem absoluten Rechtsgrundsatz ausgehen, die Bildung eines neuen geistigen Lebens im *Volke* suchen und die abgelebte moderne Gesellschaft zum Teufel gehen lassen. Zu was soll ein Ding wie diese zwischen Himmel und Erde herumlaufen? Das ganze Leben derselben besteht nur in Versuchen, sich die entsetzlichste Langeweile zu vertreiben. Sie mag aussterben, das ist das einzig Neue, was sie noch erleben kann.

Material 7

Brief von Georg Büchner an Wilhelm Büchner
(2. September 1836)
(in: Georg Büchner: Werke und Briefe. Gesamtausgabe. Neue, durchgesehene Ausgabe, hrsg. v. Fritz Bergemann, Insel, [7]Leipzig 1967, S. 440 f.)

Ich bin ganz vergnügt in mir selbst, ausgenommen, wenn wir Landregen oder Nordwestwind haben, wo ich freilich einer von denjenigen werde, die abends vor dem Bettgehn, wenn sie den einen Stumpf vom Fuß haben, imstande sind, sich an ihre Stubentür zu hängen, weil es ihnen der Mühe zuviel ist, den andern ebenfalls auszuziehen … Ich habe mich jetzt ganz auf das Studium der Naturwissenschaften und der Philosophie gelegt und werde in kurzem nach Zürich gehen, um in meiner Eigenschaft als überflüssiges Mitglied der Gesellschaft meinen Mitmenschen Vorlesungen über etwas ebenfalls höchst Überflüssiges, nämlich über die philosophischen Systeme der Deutschen seit Cartesius und Spinoza, zu halten. – Dabei bin ich gerade daran, sich einige Menschen auf dem Papier totschlagen oder verheiraten zu lassen, und bitte den lieben Gott um einen einfältigen Buchhändler und ein groß Publikum mit so wenig Geschmack als möglich. Man braucht einmal zu vielerlei Dingen unter der Sonne Mut, sogar, um Privatdozent der Philosophie zu sein.

Material 8

Zeichnung von Georg Büchner aus der Folio-Handschrift („Hauptmann und Doktor")

Georg Büchner. Woyzeck. Marburger Ausgabe. Bd. 7.1. Text. Hrsg. von Burghard Dedner und Gerald Funk. Darmstadt 2005, S. 30

Material 9

Abbildung des historischen Woyzeck

Johann Christian Woyzeck. Anonymer Stich, 1824. – Nach: Katalog Marburg, S. 242. Stadtgeschichtliches Museum Leipzig

Material 10

Johann Christian August Clarus: Die Zurechnungsfähigkeit des Mörders Johann Christian Woyzeck (Clarus-Gutachten) (in: Johann Christian August Clarus: Die Zurechnungsfähigkeit des Mörders Johann Christian Woyzeck, nach Grundsätzen der Staatsarzneikunde aktenmäßig erwiesen. In: Zeitschrift für die Staatsarzneikunde, hrsg. v. Adolph Henke. Viertes Ergänzungsheft. Palm & Enke, Erlangen 1825, S. 1–97; zit. nach Georg Büchner: Woyzeck. Erläuterungen und Dokumente, hrsg. v. Burghard Dedner unter Mitarbeit v. Gerald Funk und Christian Schmitt, Stuttgart: Reclam 2005, S. 121–157)

Vorwort.

Eine Handlung der strafenden Gerechtigkeit, wie sie der größere Theil der gegenwärtigen Generation hier noch nicht erlebt hat* bereitet sich vor. Der Mörder Woyzeck erwartet in diesen Tagen, nach dreijähriger Untersuchung, den Lohn seiner That durch die Hand des Nachrichters. Kalt und gedankenlos kann wohl nur der stumpfsinnige Egoist, und mit roher Schaulust nur der entartete Halbmensch diesem Tage des Gerichtes entgegen sehen. Den Gebildeten und Fühlenden ergreift tiefes, banges Mitleid, da er in dem Verbrecher noch immer den Menschen, den ehemaligen Mitbürger und Mitgenossen der Wohlthaten einer gemeinschaftlichen Religion, einer seegensvollen und milden Regierung, und so mancher lokalen Vorzüge und Annehmlichkeiten des hiesigen Aufenthalts erblickt, der, durch ein unstätes, wüstes, gedankenloses und unthätiges Leben von einer Stufe der moralischen Verwilderung zur andern herabgesunken, endlich im finstern Aufruhr roher Leidenschaften ein Menschenleben zerstörte, und der nun, ausgestoßen von der Gesellschaft, das seine auf dem Blutgerüste durch Menschenhand verlieren soll.

Aber neben dem Mitleiden und neben dem Gefühl alles dessen, was die Todesstrafe Schreckliches und Widerstrebendes hat, muß sich, wenn es nicht zur kränkelnden Empfindelei, oder gar

* Am 20. August 1790 wurde an dem Mörder Jonas die letzte Execution an hiesigem Orte vollzogen.

zur Grimasse werden soll*, der Gedanke an die *unverletzliche Heiligkeit des Gesetzes* erheben, da zwar, so wie die Menschheit selbst, einer fortschreitenden Milderung und Verbesserung fähig ist, das aber, so lange es besteht, zum Schutz der Throne und der Hütten auf strenger Waage wägen muß, wo es schonen und wo es strafen soll, und das von denen, die ihm dienen, und die es als Zeugen, oder as Kunstverständige, um Aufklärung befragt, Wahrheit und nicht Gefühle verlangt.

Eine solche Aufklärung ist in Woyzecks Kriminalprozeß, als es zweifelhaft geworden war, *ob er seines Verstandes mächtig, und mithin zurechnungsfähig sey*, oder nicht, von mir, als Physikus hiesiger Stadt, erfordert worden, und es ist wohl keinem Zweifel unterworfen, daß die hierdurch veranlaßte Untersuchung seines Seelenzustandes und die Begutachtung desselben einen entscheidenden Einfluß auf sein Schicksal gehabt hat. [...]

Leipzig den 16. August 1824.
Clarus.

Am 21. [richtig: 2., d. Verf.] Juni des Jahres 1821, Abends um halbzehn Uhr, brachte der Friseur *Johann Christian Woyzeck*, ein und vierzig Jahr alt, der sechs und vierzig jährigen Wittwe des verstorbenen Chirurgus *Woost, Johannen, Christianen*, gebornen *Otto'* in dem Hausgange ihrer Wohnung auf der Sandgasse, mit einer abgebrochenen Degenklinge, an welche er desselben Nachmittags einen Griff hatte befestigen lassen, sieben Wunden bei, an denen sie nach wenigen Minuten ihren Geist aufgab. [...]

Im Allgemeinen:

Er habe von jeher an die Bedeutung der Träume geglaubt und sie nach seiner Art auszulegen gesucht, wobei vieles zugetroffen habe. Vor Gespenstern habe er sich zwar eigentlich nie gefürchtet; allein da es doch Geister gäbe, so glaube er, daß diese durch Gottes Schickung auf den Menschen wirken und in ihnen allerhand Veränderungen hervor bringen könnten. Da ihm nun verschiedene Male in seinem Leben Dinge begegnet seyen, die

---

* Man erinnere sich an die Vorgänge nach der Hinrichtung des eben erwähnten *Jonas*, wo zarte Frauen Blumen streuend zum Hochgericht walleten, und am Schafte des Rades die Inschrift gefunden wurde: *ruhe sanft guter Jonas*!

er sich aus dem gewöhnlichen Laufe der Natur nicht habe erklären [k]önnen, so sey er auf den Gedanken gekommen, daß Gott sich auch ihm auf diese Weise habe offenbaren wollen, und sollte dieß auch nicht der Fall gewesen seyn, so könne er sich doch nicht überzeugen, daß diese Dinge blos in seiner Einbildung beruht haben sollten. – Zugleich gestand er auf Befragen, er habe die Gewohnheit gehabt, bald *heimlich*, bald, wenn er allein gewesen, *laut* mit sich selbst zu sprechen und dazu Gesticulationen zu machen, oder wie er sich ausdrückte, allerhand bei sich *auszufechten*. [...]

Medicinisch, psychologische Entwicklung der theils aus den Akten geschöpften, theils selbst beobachteten Thatsachen.

1) Die an dem Inquisiten theils von mir beobachteten, theils von ihm selbst erzählten und wegen ihres natürlichen und erfahrungsmäßigen Zusammenhangs für völlig glaubwürdig zu achtenden körperlichen Zufälle [...] beweisen: daß derselbe sich in derjenigen *krankhaften Anlage* befinde, die man ehedem Vollblütigkeit und Neigung zu Wallungen und Congestionen des Blutes genannt, in neuern Zeiten aber durch die Ausdrücke: venöse Constitution, und erhöhten Venenturgor näher zu bezeichnen versucht hat, u[n]d die ihrem Wesen nach, in vermehrter Reizbarkeit und unregelmäßiger Thätigkeit des Gefäß- und besonders des Venensystems gegründet ist [...]. Uebrigens muß hier, um allen Mißverständnissen und unrichtigen Deutungen vorzubeugen, ausdrücklich erinnert werden, daß vor der Hand blos eine *Anlage* zu solchen Uebeln, keineswegs aber eine *schon wirklich ausgebildete Krankheit des Herzens* und der Gefäße, oder irgend eine andere Krankheit, wie sie auch immer Namen haben möge, vorhanden sey.

2) [...] Daß auch *Woyzecks* Benommenheit und seine finstere menschenscheue und reizbare Gemüthsstimmung von der körperlichen Anlage abhängig gewesen sey, kann nicht bezweifelt werden, besonders, wenn man erwägt, daß seinen Erzählungen zu Folge, beide gleichen Schritt gehalten haben. [...] So wie übrigens die tägliche Erfahrung lehrt, daß Personen, welche sich in dieser Anlage befinden, im Stande sind, allen ihren bürgerlichen und moralischen Pflichten zu genügen, so sagt auch *Woyzeck*, daß ihn alles dieses nicht gehindert habe, seine Ge-

schäfte ordentlich zu besorgen, und mehrere Aeußerungen von ihm, z. B. daß er *absichtlich* wenig gesprochen habe, um seinen Zustand nicht merken zu lassen, und daß durch Richtung der Gedanken auf einen andern Gegenstand, die Benommenheit des Kopfes sich verliere, geben zu erkennen, daß bei ihm die Freiheit des Willens in diesem Zustande keineswegs aufgehoben gewesen sey.

3) [...] Daß übrigens die Einbildung, fremde Stimmen zu hören, bei Personen, die an Wallungen des Blutes, oder an Unterleibskrankheiten leiden, eine nicht ungewöhnliche Erscheinung und keineswegs nothwendig und in allen Fällen mit einer Hemmung, oder mit einem Verlust des freien Verstandesgebrauches verbunden sey, werde ich weiter unten durch mehrere Fälle aus meiner eignen Beobachtung beweisen.

Folgerungen, die aus vorstehenden Thatsachen für die Zurechungsfähigkeit des Inquisiten gezogen werden können.

Wenn die Frage entsteht: ob der von dem Inquisiten angegebene Zustand von Angst, Unruhe und Benommenheit des Kopfes und seine damit als nächste Wirkungen in Verbindung stehenden Vorstellungen von Geisterlärm und Zuruf von fremden Stimmen die Zurechungsfähigkeit desselben in so fern zu vermindern, oder aufzuheben vermögen, als sie bei ihm entweder überhaupt ein Hinderniß für den freien Gebrauch des Verstandes gewesen sind, oder als ein direkter Antrieb zu der That selbst betrachtet werden können, und ob sich von dem einen oder von dem andern, vor, bei und nach der That Spuren nachweisen lassen, so ist hierüber folgendes zu bemerken:

1) Was das daraus möglicher Weise *hervorgehende Hinderniß für den freien Verstandesgebrauch überhaupt anlangt*; daß zwar: a) ein unregelmäßiger Blutumlauf und Congestionen des Blutes nach dem Kopfe, oder diejenige krankhafte Anlage, die sich bei dem Inquisiten durch die mehrmals erwähnten Beängstigungen, Herzklopfen, Benommenheit des Kopfes, Ohrenbrausen etc. offenbart hat, so wie sie als entfernte und vorbereitende Ursache zu vielen andern Krankheiten, z. B. zu Blutflüssen, Hypochondrie, Fehlern des Herzens, Gicht, Steinbeschwerden etc. betrachtet werden muß, eben so auch öfters als Anlage zu Gemüthskrankheiten beobachtet wird, b) *Woyzeck* in Fol-

ge dieses Zustandes sich in einer finstern, hypochondrischen Stimmung befunden: sich von andern zurückgezogen, bei anhaltender Richtung der Gedanken auf einen Gegenstand zuletzt gar nicht mehr gedacht und sich mit allerhand leeren Einbildungen gequält hat; c) Wahnsinnige ebenfalls zuweilen ohne objektive Veranlassung, Töne und Stimmen zu vernehmen und sich mit Personen zu unterhalten glauben, die nicht vorhanden sind; daß aber dagegen

ad a) die Anlage zu einer Krankheit etwas ganz anderes ist, als die *Krankheit selbst*, und der vorgedachte krankhafte Zustand des Gefäß- und insbesondere des Venensystems, ob er gleich die vorbereitende Ursache zu einer Gemüthskrankheit werden kann, dessen ungeachtet noch keine Gemüthskrankheit ist [...];

ad b) Eine finstere und zugleich reizbare Gemüthsstimmung, Menschenscheu, Liebe zur Einsamkeit, Benommenheit des Kopfes, Verminderung der gewohnten Kraft einen Gegenstand des Nachdenkens lange zu verfolgen, Zerstreuung und momentane Unfähigkeit zum Nachdenken überhaupt, oder auch Beschäftigung mit sich unwillkührlich sich aufdringenden Bildern, einer trüben Einbildungskraft, deren man sich oft mit aller Kraft des Willens nicht erwehren kann, bloß Symptome der *Hypochondrie* sind, welche, wie unzählige Erfahrungen bei den achtbarsten, geistreichsten und thätigsten Männern lehren, den freien Gebrauch des Verstandes nicht im mindesten beschränken, oder gar aufheben. Sollte gegen diese Ansicht der Einwurf erhoben werden, daß eine solche reizbare Gemüthsstimmung wenigstens in sofern die Schuld eines in diesem Zustand begangenen Verbrechens vermindere, als es einem Menschen, der sich in demselben befindet, schwerer werden muß, gegebenen Anreizungen zu widerstehen; so müßte ich allerdings es *richterlichem* Ermessen anheimstellen, zu entscheiden, ob *Temperamentsfehler*, wie dieser, nicht bloß die *moralische*, sondern die *legale* Schuld eines Vergehens vermindern, weil über die Schuld überhaupt, so wie über das *Mehr* oder *Weniger* derselben, und insbesondere der moralischen, dem gerichtlichen Arzt kein Urtheil zustehet, am wenigsten, wenn er nicht ausdrücklich darum gefragt wird, zugleich aber vom gerichtlich-medizinischen Standpunkt aus erinnern, daß hier nicht von der *Leichtigkeit* oder

Schwierigkeit, sondern von der *Möglichkeit* oder *Unmöglichkeit* leidenschaftlichen Antrieben zu widerstehen, die Rede sey. Erst da, wo diese Möglichkeit *aufhört*, ist die Grenze der Zurechnungsfähigkeit, welche die gerichtliche Medicin festhalten muß, wenn sie sich nicht in endlose Verwirrungen verlieren und zum Deckmantel aller und jeder Verbrechen herabgewürdigt werden soll. Um aber annehmen zu können, daß ein Mensch, bei Begehung eines Verbrechens, jenseits dieser Grenze gestanden habe, muß erwiesen werden, *entweder*, daß sich vor, bei oder nach der That in dem Erkenntniß- und Urtheilsvermögen, in den Reden und Handlungen desselben, Abweichungen vom gesunden Seelenzustande überhaupt offenbart haben, *oder* daß derselbe, ohne durch die *gewöhnlichen, leidenschaftlichen Motive angereizt worden zu seyn*, nach einem ungewöhnlichen, blinden und instinktartigen Antriebe gehandelt habe. Daß weder das Eine noch das Andere bei Woyzeck der Fall gewesen sey, wird sich aus dem Folgenden näher ergeben und ich bemerke daher hier blos vorläufig, um der Vermuthung zu begegnen, als ob diese körperliche Anlage und reizbare Gemüthsstimmung dennoch vielleicht gerade in diesem individuellen Falle die Möglichkeit, mit Willensfreiheit zu handeln, aufgehoben haben könnte; daß es mit dem Inquisiten mit derselben Willensfreiheit, mit der er wenige Augenblicke nach der That den Selbstmord unterließ, weil zu viele Leute in der Nähe gewesen waren, auch möglich gewesen seyn würde, die That selbst zu unterlassen.

ad c) Sinnestäuschungen und Verwechslung subjektiver Empfindungen mit objektiven Vorstellungen selbst bei gesundem und noch viel öfter bei krankhaften Zustande der Sinnesorgane und der mit derselben in Beziehung stehenden Organe und Systeme, besonders des Verdauungs-, des blutführenden und des Nervensystems, sehr häufig vorkommen, und zu falschen Urtheilen und Schlüssen, zu Irrthümern und Vorurtheilen Gelegenheit geben, ohne im Uebrigen dem freien Vernunftgebrauch Eintrag zu thun. [...] So kommen schon im gemeinen Leben häufig Beispiele vor, daß Personen, die an Blutandrang oder an Blähungen und andern Unterleibsbeschwerden leiden, allerhand Töne, Musik, Glockengeläute, entfernte Stimmen, das Rufen ihres Namens u. dergl. zu vernehmen glauben. [...]

Hierzu kommt noch, daß

d) Sinnestäuschungen und namentlich die Einbildung, ohne objektive Veranlassung Töne und Stimmen zu vernehmen, wenn sie sich zu irgend einer Seelenkrankheit, sie sey nun Wahnsinn oder Narrheit, Tollheit, Melancholie usw. gesellten, niemals *isolirt* erscheinen, sondern jedesmal mit andern allgemeinen Symptomen einer Seelenstörung verbunden sind, die nach Maaßgabe der speziellen Form der Krankheit, verschiedene Farben und Schattirungen annehmen. Zu diesen allgemeinen Symptomen gehören: ein ungewöhnliches, auffallendes und *phantastisches* Betragen gegen Andere, unzusammenhängende, verworrene, die Empfindung, oder die Leidenschaft, von der das Innere erfüllt ist, verrathende, Aeußerungen, zweckwidrige, widersinnige Fragen und Handlungen, ein wildes ungestümes, zänkisches oder stumpfsinniges und starres Wesen, Vernachlässigung der natürlichen Bedürfnisse und der gewohnten Beschäftigungen. Von allen diesen Symptomen ist keines bei dem Inquisien beobachtet worden, sondern alle Zeugen stimmen darin überein, daß er vor, während und nach den Perioden, wo ihm dergleichen Sinnestäuschungen widerfahren sind, ein verständiges, sittsames, besonnenes, ruhiges und friedliches Betragen beobachtet und seine Geschäfte ordentlich besorgt habe. Aus eben diesem Grunde können daher auch die Traurigkeit, Niedergeschlagenheit und Verschlossenheit, die man zuweilen an ihm bemerkt hat, nicht als Symptome einer Seelenstörung angesehen werden, weil man dann mit gleichem Rechte alle diejenigen für geisteskrank erklären müßte, die sich wegen körperlicher Beschwerden, Nahrungslosigkeit oder Gewissensunruhe in einer ähnlichen Stimmung befinden, und die auch bei Woyzeck, allen Umständen und seinem eigenen Geständniß nach, aus diesen Ursachen, besonders aus den beiden letztgedachten, herzuleiten ist, wie solches besonders aus seinem Geständniß über die Wienbergin erhellet.
2) Was die Möglichkeit betrifft, daß in der, im Vorhergehenden geschilderten, körperlichen und geistigen Verfassung des Inquisiten, gesetzt auch, daß sie als eine wirklich ausgebildete Seelenstörung nicht zu betrachten sey, dennoch ein ausserordentlicher, blinder und unwillkürlicher Antrieb zu der von ihm begangenen Mordthat verborgen gelegen haben könnte, und mithin dieser Zustand als stille Wuth (amentia occulta) *betrachtet werden müsse; so läßt sich für diese Vermuhtung anführen:*

a) daß der Inquisist, seinen Erzählungen zufolge, bei seinen Blutwallungen und Beängstigungen und bei seinem Unmuth über widrige Schicksale, öfters Groll und Widerwillen gegen die Menschen überhaupt gehegt, und eine ungewöhnliche Kraft, als solle er alles zerreißen, gefühlt hat, wobei ihm zuweilen gewesen, als solle er die Leute auf der Gasse, auch wenn sie ihm nichts zu Leide gethan, mit den Köpfen aneinander stoßen;
b) daß ihm, bei Besichtigung des nachherigen Mordinstruments, eine unsichtbare Stimme zugerufen haben soll: *Stich die Frau Woostin todt*;
c) daß er in der ersten Zeit nach seiner Verhaftung keine Reue gezeigt hat, welches man oft bei denen bemerkt haben will, die nach einem gebundenen Vorsatz handeln;
d) daß er sich der Begebenheiten des Tages, an dem er die Mordthat begangen hat, nicht mehr deutlich erinnert. [...]
Dieses vorausgesetzt erinnere ich:
ad a) daß Unmuth, Unzufriedenheit mit sich selbst, Argwohn, Mißtrauen und Bitterkeit gegen andere, Reizbarkeit zum Ausbruche eines ungerechten Zorns auf leichte Veranlaßungen u. s. w. bei Personen, die an Blutbeschwerungen, Hypochondrie, Hämorrhoiden und dergl. leiden, ärztlicher Erfahrung zufolge, viel zu häufige Erscheinungen sind, um in ihnen eine unvermeidliche Nothwendigkeit und einen blinden instinktartigen Trieb zu verbrecherischen Handlungen zu finden, da Tausende von Menschen, bei gleicher Mißstimmung sich in den gesetzlichen und moralischen Schranken zu halten wissen. [...]
ad b) Was überhaupt von den fremden Tönen und Stimmen und insonderheit von dem Zurufe: *Stich die Frau Woostin todt*, zu halten, und daß der letztere sammt Antwort und Gegenantwort, nichts anderes sey, als ein Selbstgespräch Woyzecks beim Erwachen des ersten Gedankens zur Mordthat, dieses alles ist bereits oben, wie ich hoffe, mit überzeugenden Gründen dargethan worden, so daß hierüber nichts hinzugefügt werden kann. [...]
ad c) Mangel an Reue für sich allein beweist eben so wenig für als gegen die Zurech[n]ungsfähigkeit einer Handlung, weil er aus sehr verschiedenen Ursachen entstehen kann, die sich blos aus den übrigen Umständen erkennen lassen. [...]
ad d) Ist zu bemerken, daß sich Woyzeck in dem Verhör am

4. Juni 1821 aller Vorfälle des Tags, an dem die That geschehen, so weit er darüber befragt worden ist, sehr umständlich erinnert, und sogar Personen namhaft gemacht hat, die er bei seinem Herumlaufen gelegentlich habe sprechen wollen [...]. Es ist daher nach allen Umständen bei der That selbst anzunehmen, daß das *Uebergewicht der Leidenschaft über die Vernunft die einzige Triebfeder derselben gewesen sey.* Eben so wenig läßt sich
f) aus Woyzecks Benehmen nach der That ein Beweis für die Existenz eines krankhaften Gemüthszustandes überhaupt, oder eines individuellen und ungewöhnlichen Antriebes herleiten. Er entfernte sich im Geschwindschritt, wie jeder andere Verbrecher gethan haben würde, weil ihn Niemand aufhielt. [...]

Material 11

Ernst Horn: Gutachten über den Gemüthszustand des Tobacksspinnergesellen Daniel Schmolling (Horn-Gutachten)
(in: Ernst Horn: Gutachten über den Gemüthszustand des Tobacksspinnergesellen Daniel Schmolling, welcher den 25sten September 1817 seine Geliebte tödtete. In: Archiv für medizinische Erfahrung im Gebiete der praktischen Medizin und Staatsarzneikunde, hrsg. v. Dr. Horn in Berlin, Dr. Nasse in Bonn und Dr. Henke in Erlangen. Jg. 1820 (März/April). Berlin: G. Reimer 1820, S. 292–367; zit. nach: Georg Büchner: Woyzeck. Erläuterungen und Dokumente v. Burghard Dedner unter Mitarbeit v. Gerald Funk und Christian Schmitt. Reclam jun., Stuttgart 2005, S. 157–160)

Am 25sten September 1817 Abends nach 7 Uhr, hörten der Mauermeister G. und dessen Schwager, der Schneidermeister M., auf ihrem Rückwege von der Hasenheide nach der Stadt, in dem nach dem K-Thore führenden Kieselgange, Jemand um Hülfe rufen. Als sie näher hinzukamen, fanden sie am Ende des Ganges ein Mädchen liegen, winselnd, und auf Befragen erzählend, daß sie von ihrem Geliebten ins Herz gestochen sey. Und ein Mann trat hinzu, der sich auf das daliegende Mädchen mit den Worten hinwarf: „Meine Jette, wenn du stirbst, sterbe ich auch!" –
[...] er habe sein Mädchen, die unverehlichte H. L. an dem genannten Abende mit einem Tischmesser erstochen. Er habe dieses Messer gefunden, und sich desselben bedient Taback zu

schneiden, und nachdem ihm eingefallen sey, die L. damit zu erstechen, habe er das Messer bei sich behalten. Während der letzten drei Tage führte er dasselbe in jener Absicht bei sich, und konnte seitdem, wie er versichert, das Messer gar nicht mehr von sich lassen. […] Den Gedanken, die L. zu ermorden, habe er während der letzten 3 Wochen vor Ausführung derselben mit sich herum getragen; doch habe er erst während der drei letzten Tage die That fest in seinem Herzen beschlossen. Er habe die Absicht gehabt, sich auch gleich zu erstechen, wenn die L. von ihm erstochen sein würde. Nach ihrem Tode habe er auch nicht länger leben mögen, um den Gerichten und dem Magistrate nicht zur Last [zu] fallen und seiner Familie keine Schande zu machen, welche doch mit seiner Hinrichtung verbunden gewesen wäre. Nachdem er die L. erstochen, schien es ihm, als sähe er von der andern Seite des Fahrweges 3 Soldaten herkommen. Er lief deshalb um die Ecke den Gang herum, und wollte über einen Graben springen, an einer Stelle, wo ein Durchweg zu sein schien, um jenseits de Grabens, der Stelle gegenüber, wo er die L. erstochen hatte, sich selbst zu erstechen.

Es sei seine Absicht gewesen, die L. bald nach Ostern 18. zu heirathen, und sie hätten sich wechselseitig die Ehe versprochen.

[…]

[Schmolling selbst habe berichtet:]

Wir gingen hierauf zusammen die Allee hinunter, und die L. gab mir ein wenig von ihrem Butterbrodte ab. Der L. gab ich ein wenig von dem mitgenommenen Speck, und von meinem Schnaps zu trinken. […]

Ich bat die L. sich noch ein wenig bei mir zu setzen, weil ich sie im Sitzen besser als im Stehen ermorden konnte. Wir setzten uns an einen der Weidenbäume nieder, und als wir hier neben einander saßen, sie links von mir, umarmte ich sie mit meinem linken Arme, und fragte sie: Wenn ich hier so sterben thäte, würdest du dann wohl mit mir sterben?

Da antwortete sie, daß ich mir doch solche Gedanken nicht machen sollte, doch setzte sie hinzu: wenn du stirbst, dann sollte kein Anderer mehr an meine Seite kommen.

Als sie dieses antwortete, hatte ich mein Messer schon aus dem Aermel herausgenommen, und hielt es in der Hand.

Dieses nahm ich jetzt, und stieß ihr dasselbe in die Herzgrube, wobei ich noch sagte: „Nun so soll auch keiner an deine Seite kommen, und dann ist auch hier der Fleck, wo wir beide sterben wollen.“

Ich suchte ihr das Messer gerade ins Herz zu stechen, damit sie sich nicht lange quälen, sondern gleich todt sein sollte.

Ich stach das Messer ganz hinein, bis an die Schaale, woran ich es hielt. [...]

Dann zog ich das Messer sogleich wieder heraus, da griff die L. nach dem Messer, hielt es, und sagte mir: ich sollte sie nicht mehr stechen, und ich antwortete, ich wollte sie auch nicht mehr, sondern mich selbst erstechen, worauf sie das Messer loslies. Ich sprang auf, riß mir den Rock auf, um mich selbst zu erstechen.

Da sah ich von der andern Seite des Fahrweges, jenseits des Ganges, drei Leute, wie Soldaten, kommen. Ich sprang darum um die Ecke den Kieselgang hinein, und fand eine Art Durchweg über den Graben. Hier wollte ich durchspringen und dann jenseits des Grabens, der L. gegenüber, auch mich erstechen. Ich sprang aber gegen einen Strauch, der mir das Messer aus der Hand schlug. Ich suchte nach demselben im Gange, konnte es aber nicht finden. Jetzt kamen Leute herbei, ich ging daher raschen Schrittes nach der Wiese zurück, rechts um die Ecke, vor der L. vorüber, die noch auf demselben Flecke lag, wo ich sie erstochen hatte, und gieng, ohne mich bei ihr aufzuhalten, schnell, dann langsamen Schrittes, um einen Stein zu suchen, und mir damit den Kopf einzuschlagen. [...] Zugleich hörte ich in der Entfernung, daß man von erstechen sprach, und es schien mir, als hielte man Jemand an, den man für den Thäter hielt. Darum wollte ich mich lieber selbst angeben, und dem Richter überliefern. Auf dem Rückwege fühlte ich z[u]fällig die Schnapsflasche in meiner Tasche, und trank, da mir so wunderlich zu Muthe war, den Rest aus.

Als ich zurück kam, fand ich die L. nicht mehr an demselben Flecke, sondern an dem Gange neben dem Zaun liegend, und neben ihr stand ein Mann, der noch mehrere rief.

Ich bückte mich über die L. hin, und fragte sie: bin ich es nicht, der doch erstochen hat? worauf sie leise Ja! antwortete, und dann sagte ich zu de[m] nebenstehenden Mann gewendet: ja ich bin derjenige, der sie erstochen hat! –

Weil ich mein Leben zu verlieren wünschte, so übergab ich

mich dem Gerichte, damit ich die Strafe der Hinrichtung empfinge, und da ich jetzt mich selbst ums Leben zu bringen, für eine Sünde erkannte. […]

Vor meiner Abführung wünschte ich noch der L. Abschied zu nehmen, und ihr einen Kuß zu geben, allein man wollte es nicht erlauben, und so wurde ich weggeführt. Ich habe durchaus keine Ursache gehabt, die L. zu ermorden; der Gedanke dieses zu thun, ist mir ganz von selbst eingefallen, und ich begreife selbst nicht, wie er in mich gekommen. […]

Material 12

Georg Büchner: Der Hessische Landbote
(in: Georg Büchner: Werke und Briefe. Gesamtausgabe. Neue, durchgesehene Ausgabe, hrsg. v. Fritz Bergemann, Insel, Leipzig [7]1967, S. 351–365, hier S. 351 f.)

Friede den Hütten! Krieg den Palästen!

Im Jahre 1834 siehet es aus, als würde die Bibel Lügen gestraft. Es sieht aus, als hätte Gott die Bauern und Handwerker am fünften Tage und die Fürsten und Vornehmen am sechsten gemacht, und als hätte der Herr zu diesen gesagt: ‚Herrschet über alles Getier, das auf Erden kriecht‘, und hätte die Bauern und Bürger zum Gewürm gezählt. Das Leben der *Vornehmen* ist ein langer Sonntag: sie wohnen in schönen Häusern, sie tragen zierliche Kleider, sie haben feiste Gesichter und reden eine eigne Sprache; das Volk aber liegt vor ihnen wie Dünger auf dem Acker. Der Bauer geht hinter dem Pflug, der *Vornehme* aber geht hinter ihm und dem Pflug und treibt ihn mit den Ochsen am Pflug, er nimmt das Korn und läßt ihm die Stoppeln. Das Leben des Bauern ist ein langer Werktag; Fremde verzehren seine Äcker vor seinen Augen, sein Leib ist eine Schwiele, sein Schweiß ist das Salz auf dem Tische des *Vornehmen.* […]

Material 13

Georg Büchner: DANTONS TOD (Erster Akt, zweite Szene) (in: Georg Büchner: Werke und Briefe. Gesamtausgabe. Neue, durchgesehene Ausgabe, hrsg. v. Fritz Bergemann, Insel, Leipzig [7]1967, S. 7–86, hier S. 13–16)

Eine Gasse

Simon. Sein Weib.

Simon *schlägt das Weib* Du Kuppelpelz, du runzliche Sublimatpille, du wurmstichischer Sündenapfel!

Weib He, Hülfe! Hülfe! Es *kommen*

Leute *gelaufen* Reißt sie auseinander, reißt sie auseinander!

[…]

Simon Ha, Lukretia! ein Messer, gebt mir ein Messer, Römer! Ha, Appius Claudius!

Erster Bürger Ja, ein Messer, aber nicht für die arme Hure! Was tat sie? Nichts! Ihr Hunger hurt und bettelt. Ein Messer für die Leute, die das Fleisch unserer Weiber und Töchter kaufen. Weh über die, so mit den Töchtern des Volkes huren! Ihr habt Kollern im Leib, und sie haben Magendrücken; ihr habt Löcher in den Jacken, und sie haben warme Röcke; ihr habt Schwielen in den Fäusten, und sie haben Samthände. Ergo, ihr arbeitet, und sie tun nichts; ergo, ihr habt's erworben, und sie haben's gestohlen; ergo, wenn ihr von eurem gestohlnen Eigentum ein paar Heller wiederhaben wollt, müßt ihr huren und betteln; ergo, sie sind Spitzbuben, und man muß sie totschlagen!

Dritter Bürger Sie haben kein Blut in den Adern, als was sie uns ausgesaugt haben. Sie haben uns gesagt: schlagt die Aristokraten tot, das sind Wölfe! Wir haben die Aristokraten an die Laternen gehängt. Sie haben gesagt: das Veto frißt euer Brot; wir haben das Veto totgeschlagen. Sie haben gesagt: die Girondisten hungern euch aus; wir haben die Girondisten guillotiniert. Aber sie haben die Toten ausgezogen, und wir laufen wie zuvor auf nackten Beinen und frieren. Wir wollen ihnen die Haut von den Schenkeln ziehen und uns Hosen daraus machen, wir wollen ihnen das Fett auslassen und unsere Suppen mit schmelzen. Fort! Totgeschlagen, wer kein Loch im Rock hat!

Erster Bürger Totgeschlagen, wer lesen und schreiben kann!

Zweiter Bürger Totgeschlagen, wer auswärts geht!

Alle *schreien* Totgeschlagen! Totgeschlagen!

Einige schleppen einen jungen Menschen herbei.

Einige Stimmen Er hat ein Schnupftuch! ein Aristokrat! an die Laterne! an die Laterne!

Zweiter Bürger Was? er schneuzt sich die Nase nicht mit den Fingern? An die Laterne! *Eine Laterne wird heruntergelassen.*

Junger Mensch Ach, meine Herren!

Zweiter Bürger Es gibt hier keine Herren! An die Laterne!

Einige *singen* Die da liegen in der Erden, / Von de Würm gefresse werden; / Besser hangen in der Luft, / Als verfaulen in der Gruft!

Junger Mensch Erbarmen!

Dritter Bürger Nur ein Spielen mit einer Hanflocke um den Hals! 's ist nur ein Augenblick, wir sind barmherziger als ihr. Unser Leben ist der Mord durch Arbeit; wir hängen sechzig Jahre lang am Strick und zapplen, aber wir werden uns losschneiden! – An die Laterne! […]

Material 14

Hans Magnus Enzensberger: Politischer Kontext 1964
(in: Hans Magnus Enzensberger (Hg.): Georg Büchner, Ludwig Weidig: Der Hessische Landbote. Texte, Briefe, Prozessakten. Kommentiert von H. M. Enzensberger.
© Insel Verlag, Frankfurt/M. 1965)

Alte Bücher, zu Klassikern verzaubert, geben der Nachwelt manches Rätsel auf. Nicht der geringste sind die Bewunderer, die sie finden. *Der Hessische Landbote* hat in unserm Land viel Leser, darüber können wir uns freuen. Zwar in die Schulbücher ist er nicht eingegangen, dazu hat es nicht gereicht; aber gedruckt und gelobt ist er worden. Nicht einmal Joseph Goebbels hat ihn verboten. Seit Menschengedenken findet die Schrift keinen Widerspruch mehr in Deutschland. Höchstens, daß hie und da eine Stimme des Bedauerns laut wird darüber, daß ein Landpfarrer sie verwässert hat mit der Milch einer frömmeren Denkungsart und so der unbedingten Botschaft Eintrag getan, ihre revolutionäre Sprengkraft entschärft hat. So sehen wir aus, ein einig Volk von radikalen Lesern, erpicht auf einen Klassiker, der uns für eineinhalb Jahrhunderte versäumter Revolutionen aufkommen soll. Wir bestehen auf dem

Umsturz aller gesellschaftlicher Verhältnisse – im Irrealis der Vergangenheit, und zwar umso mehr, je weniger an ihre reale Veränderung zu denken ist.
[...] die Verhältnisse [...] sind, abgesehen von zwei sinnlos vom Zaun gebrochenen Weltkriegen und ihren Folgen, recht rosig. Zwar haben es die Hüter unserer Verfassung keineswegs verlernt, sich etwas außerhalb der Gesetzlichkeit zu bewegen, zwar legt die Notstandslegislation, die sie vorbereiten, gewisse Reminiszenzen an das vergangene Jahrhundert nahe [...]. Doch ist da kein Hunger, und die Regierung kann Anzeigen in die Zeitungen rücken lassen, darin steht: Der Klassenkampf ist zu Ende. Wer ihn gewonnen und wer ihn verloren hat, das wird nicht angezeigt. „Sollte es den Fürsten einfallen, den materiellen Zustand des Volkes zu verbessern", sagte Büchner vor mehr als hundert Jahren zu seinem Freund, dem roten Becker, „dann ist die Sache der Revolution, wenn sich der Himmel nicht erbarmt, in Deutschland auf immer verloren. [...]" Und an Karl Gutzkow schrieb er: „Mästen Sie die Bauern, und die Revolution bekommt die Apoplexie." Man braucht nur für das Wort Bauern die Lieblingsphrasen einer pluralistischen Soziologie einzusetzen, will sagen: Arbeitnehmer und Sozialpartner, um zu ermessen, wie tief Büchners Blick in die Zukunft reichte [...].
Der status quo in Westdeutschland wie in allen avancierten Industrieländern Europas ist: Vollbeschäftigung, permanente Steigerung von Produktion und Konsum, Verschleierung nicht Abschaffung aller Klassengegensätze [...]
Was auch immer ein Klassiker sein mag, als Alibi für die Nachwelt, als Lorbeerbäumchen für Festredner kann er nicht dienen. Die größte Gemeinheit gegen einen toten Schriftsteller besteht darin, daß man ihn feiert, aber nicht ernstnimmt. Der Respekt, den wir Autoren wie Büchner und Weidig schuldig sind, gebietet uns zu sagen, daß *Der Hessische Landbote* in unserer Lage, auf unser Land bezogen, ein Anachronismus ist. Büchner schrieb aus Straßburg, den 5. April 1833: „Wenn in unserer Zeit etwas helfen soll, so ist es Gewalt." Er schrieb im selben Brief: „Die deutsche Indifferenz ist wirklich von der Art, daß sie alle Berechnungen zuschanden macht." Der politische Kontext im Deutschland des Jahres 1964 läßt sich durch das Urteil kennzeichnen, daß der zweite Satz gilt und daß der erste falsch ist. [...]

Material 15

Karl Emil Franzos: Die Erstveröffentlichung des Wozzeck (1875)

(in: Georg Büchner und die Moderne. Texte, Analysen, Kommentar, hrsg. v. Dietmar Goltschnigg, Bd. 1. 1875–1945, Berlin: Erich Schmidt Verlag 2001, S. 94–108)

Es ist Büchner's viertes und letztes Drama und Fragment geblieben, weil der Tod dem Dichter die Feder aus der Hand genommen. Auch diesem Manuscript ist ein eigenthümliches Schicksal gefallen. Es fand sich im Nachlasse vor und sollte schon 1837 edirt werden. Aeußerer Hindernisse wegen zerschlug sich das Project. Dreizehn Jahre später plante Dr. Ludwig Büchner die Mittheilung des Werkes. Aber es schien zu spät; die Tinte war total verblaßt, das Manuscript gänzlich unleserlich geworden. Und so lagen denn die Blätter weitere fünfundzwanzig Jahre. Im Hochsommer dieses Jahres kamen die Blätter mit dem übrigen Nachlaß in meine Hand.

Ich hatte anfangs gleichfalls nicht die leiseste Hoffnung, sie entziffern zu können. Vor mir lagen vier Bogen dunkelgrauen, mürbe gewordenen Papiers, kreuz und quer mit langen Linien sehr feiner, sehr blasser, gelblicher Strichelchen beschrieben. Da war absolut keine Sylbe lesbar; ferner einige Blättchen weißlichen Papiers mit ähnlichen Strichelchen bedeckt. Da hier die Zeichen größer waren, der Hintergrund heller, so war da stellenweise ein Wort zu entziffern, aber nirgendwo auch nur ein ganzer Satz. Rathlos wendete ich die Blätter hin und her. Da ward mir ein junger Chemiker der Helfer in der Noth. Er rieth mir, die betreffenden Stellen zuerst mit destillirtem Wasser, dann mit Schwefel-Ammoniak zu bestreichen. Ich kann das Mittel Jedem empfehlen, der sich in gleichen Nöthen befindet; es erwies sich als vollkommen wirksam, die verblaßten Strichelchen traten auf sehr kurzer Zeit, aber kohlschwarz hervor, auch an solchen Stellen, wo mit freiem Auge nicht mehr die Spuren einer Schrift zu erspähen waren. Freilich war damit noch wenig gethan; nun mußte ich erst die Strichelchen, wie oben berichtet, lesen lernen. Kurz – es war eine gehörige Geduldprobe. Aber was ich entzifferte, war geeignet, mir immer wieder den Muth zu stählen. So copirte ich Zeile für Zeile, zuerst die grauen Bogen, dann die weißen Blättchen.

Endlich war ich fertig und konnte die Resultate überblicken. Was ich entziffert, waren offenbar zwei merklich verschiedene Entwürfe einer und derselben Arbeit. Auf den grauen Bogen stand der ältere und größere, auf den weißlichen Blättchen der jüngere und kleinere Entwurf des „Wozzeck". Der erste Entwurf enthielt etwa dreißig Scenen, theils nur angedeutet, theils dürftig skizzirt, die wenigsten ausgeführt. Die Reihenfolge war ganz willkürlich; auf die Katastrophe folgte ein Stück der Exposition, darauf fand sich die Schlußscene angedeutet, dahinter jene Scene, mit der sich wol die Dichtung eröffnen sollte u. s. w. Es entspricht dies auch ganz und gar der Art, wie Georg Büchner zu arbeiten pflegte. Er klügelte niemals lange, er machte nie eine schriftliche Skizze. Kaum hatte er den Stoff erfaßt, als auch der Stoff ihn erfaßte. Dann schrieb er jäh und hastig, was ihm zunächst Herz und Hirn erfüllte: eine lange Reihenfolge der wichtigsten Scenen, bunt durcheinander und in märchenhaft kurzer Zeit. Damit war zunächst dem poetischen Schaffensdrange genügt. Nun blieb das Manuscript lange Wochen liegen. Er wendete sich wieder seinen anatomischen Präparaten zu und dachte und grübelte zwischendurch über seine poetischen Probleme. Dann ward wieder einmal der Entwurf hervorgeholt, corrigirt, gestrichen, einige Scenen hinzugefügt, andere, die früher nur angedeutet gewesen, ausgeführt. Dieses zweite Stadium des „Wozzeck" liegt auf den oberwähnten weißlichen Blättchen vor. Sie enthalten nur etwa fünfzehn Scenen, gleichfalls ohne logische Reihenfolge, theils Ausführungen solcher Stellen, die sich in den grauen Bogen nur eben skizzirt finden, theils neue Fragmente. Sie beziehen sich sämmtlich auf die Katastrophe. [...] Büchner begann die Ueberarbeitung, aber der Tod trat dazwischen. Wäre ihm ein längeres Leben gegönnt gewesen, so hätte er, wie bei früheren Arbeiten, so auch diesmal nach längerer Zwischenzeit das Manuscript zum dritten- und letztenmale in die Hand genommen. Erst bei dieser letzten Bearbeitung pflegte er die Reihenfolge der Scenen festzustellen; auch prüfte und feilte er da unermüdlich. Denn Georg Büchner war ein echter Dichter, und darum begriff er, was der Dilettant nie begreifen kann: daß nicht blos Begeisterung und Begabung den Poeten macht, sondern auch eiserner Fleiß. [...]

Material 16

Hanns von Gumppenberg: Büchners Wozzeck (Münchener Theater, 1913)
(in: Georg Büchner und die Moderne. Texte, Analysen, Kommentar, hrsg. v. Dietmar Goltschnigg, Bd. 1. 1875–1945, Berlin: Erich Schmidt Verlag 2001, S. 255 f.)

Ein ganz anderes, weit interessanteres Bild von Büchners Wollen und Können als „Dantons Tod", gibt sein bisher noch wenig beachtetes Trauerspielfragment „*Wozzeck*", dessen Uraufführung sich bei der Gedächtnisfeier im Münchener Residenztheater einer Wiedergabe des Danton-Drama anschloß. Karl Emil Franzos fand seinerzeit im Nachlaß des Dichters dieses Bruchstück, das schon ein Ganzes darstellt, als konfuses und unleserliches Manuskript vor; seinem liebevollen Bemühen dankt man die Entzifferung und sinngemäße Ordnung der Szenen- und Bilderfolge. Hier zeigt Büchner – zumal wenn man seine große Jugend und die Zeit bedenkt, in der er schrieb – Züge wirklicher Genialität; die moderne Armeleutdramatik in jenem dichterisch besten Sinne des voraussetzungslosen Mitgefühls und der seelischen Klarlegung des einzelnen aus seiner beschränkten Lebenssphäre heraus, ist in diesem merkwürdigen Entwurf bereits wesentlich gegeben; zugleich wirft ein wetterleuchtender Groteskhumor seine geistigen Lichter über das Bild, symbolische Perspektiven eröffnend. „Wozzeck" ist ein armer Teufel von Füsilier, dessen primitives, aber durch eine Art mystischer Sensitivität leicht erregbares Gemüt in dem Liebesbund und Treueverhältnis mit einem hübschen Mädchen seinen einzigen Inhalt gefunden hat. Als die schöne Marie ihn mit einem unwiderstehlichen Tambourmajor betrügt, demgegenüber er sich minderwertig und ohnmächtig fühlt, verfällt er trotz heftigen inneren Widerstrebens mehr und mehr der Zwangsidee, die Treulose erstechen zu müssen, und führt zuletzt auch wirklich die Bluttat aus. Der Richter sieht in ihm nur das glänzende Musterexemplar eines vorsätzlichen Mörders, wie der Unruhige und Verstörte vor der Tat der biedermeierschen Behäbigkeit seines Hauptmanns bloß als unbequemer Zappelphilipp und dem kalten Gelehrteninteresse des Stadtarztes nur als psychiatrisches Versuchstier gegolten hat: während da in Wahrheit ein unglücklicher Mensch in engster seelischer Gebundenheit einsam litt und zugrunde ging. Die halbsymbolischen Gestalten des Doktors, des Hauptmanns, des Richters und des Tambourmajors sind famos skizziert, grotesk-humorvoll, und doch die tragische Gesamtstimmung nicht störend, sondern vertiefend; auch in der Schilderung des treulosen Mädchens fesselt mancher ursprüngliche Zug von unmittelbarer Überzeugungskraft. Das Bedeutsamste aber bleibt die Zeichnung des Füsiliers selbst, deren Nachschöpfung so ziemlich alles in Anspruch nimmt, was die moderne Schauspielkunst in den letzten Jahrzehnten gelernt hat. Und so zeigt dieses Fragment weit mehr als „Dantons Tod", mehr auch als das romantisch-launige, doch schon veraltete Lustspiel „Leonce und Lena", wieviel uns durch Büchners frühen Tod verloren ging.

Material 17

Julius Hart: Georg Büchner im Lessing-Theater. Wozzeck, Leonce und Lena (1913)
(in: Georg Büchner und die Moderne. Texte, Analysen, Kommentar, hrsg. v. Dietmar Goltschnigg, Bd. 1. 1875–1945, Berlin: Erich Schmidt Verlag 2001, S. 257–261)

Durch Mark und Bein schneidet's. Es zerreißt das Herz. Im knappsten Raum zusammengedrängt die soziale Tragödie – eigentlich nur ein Akt ... und doch hinaus- und hinaufweisend ins Unendliche. Menschheitstragödie. Scheinbar nur eine Mordgeschichte, ... Erzeugnis eines konsequenten Naturalismus, eines Wirklichkeitsabklatsches, als wollt' es weiter nicht sein als ein Zeitungsbericht vom letzten Verbrechen. Doch in Wirklichkeit das gerade Gegenteil von diesem. Eine Dichtung, so kompliziert wie nur möglich, voller Tiefen und Abgründe, voller Wege hinab zu den Urquellen, – unerschöpflich in ihren Gefühlen und Ahnungen, Intuitionen und Divinationen, Vorstellungen und Phantasien, ... unzugänglich der Verstandeskritik, für sie nur ein Brett vor der Stirn. Wollte man darüber nachdenken, so würde man verrückt. Nur eine reine Genieschöpfung ist das „Wozzeck-Drama" und verwechselt nicht Prosperos Zauberbücher mit Kleidern und Lappen, Wortlaute mit Wortsinnen, fühlt den Sinn dieser gewitterkurzen Tragödie: geht sie auch im Bettlerkleid, so ist sie doch groß und ernst, voll Prophetengeistes, allumfassend, tief und gewaltig [...]

Nur von dem letzten größten Kampf der Menschheit, dem Kampf zwischen Vernunft und Natur, spricht auch Georg Büchner. Und in seinem Gefühl für die Natur und das Instinktive, Intuitive, in seinem Widerwillen gegen alle Vernunft und allen Intellektualismus geht Hand in Hand Georg Büchner, der Atheist, Materialist, Ludwigs Bruder, mit William Blake, dem Gottschwärmer und Mystiker ... der Naturalismus mit der Romantik ... der Revolutionär, Freiheitskämpfer, Barrikadenstürmer und Sozialist mit dem konservativ-agrarischen Bauern-, Acker-, Erd- und Landmenschen. Die von der Vernunft mißhandelte, zerstörte und ans Kreuz geschlagene Natur ist auch das Wozzeck-Thema. Hier Wozzeck, die verratene und verkaufte Natur in Christo, der liebende Mensch – und Liebe nur, Liebe allein ist es, was die Natur in uns heischt und will, ... und dort der Doktor, der Hauptmann, die Kinder der Vernunft und Wissenschaft, Gesetz und Moral, Philister, Pharisäer und Sadduzäer. [...] Auch für die Büchnersche Natur und Kunst gibt es nur ein Interesse und einen Kampf: den Kampf gegen eine *Ratio* und einen Vernunftmenschen, einen Theologen, einen Philosophen und Wissenschaftler, der nur diese alogische absurde Natur nicht zu begreifen vermag, nicht in ihr leben, weben und sein will ..., sondern der Narr aller Narren ist und uns seit Jahrtausenden weismacht, man müsse die Logik in sie hineinbringen, sie *Mores* lehren und auf eine moralische Weltordnung festlegen –, das Gesetz und die Regel in ihr aufdecken. Der Teleologist und Kausalitätsjäger, der Sinn- und Zweck-, der Gründe- und Ursachenlehrer, der nach dem Mittelpunkt sucht, um den sich alles drehen soll, dessen ganzes Treiben und Tun aber immer nur Vergewaltigung der Natur, die große Sünde gegen sie gewesen. [...]

Material 18

Carl von Ossietzky: „Woyzek" (1921)
(in: Georg Büchner und die Moderne. Texte, Analysen, Kommentar, hrsg. v. Dietmar Goltschnigg, Bd. 1. 1875–1945, Berlin: Erich Schmidt Verlag 2001, S. 382)

Es ist heute Gott sein Dank nicht mehr erforderlich, *Georg Büchner* gegen philiströse Literatoren zu verteidigen, die jahrzehntelang ihn behandelten, wie etwa sein verblasener Doktor den armen Woyzek. Büchner war weder ein in Irrsinn versunkenes Genie, noch ein unzeitgemäßer Nachfahre des Sturmes und Dranges, sondern der Vorläufer einer Moderne – einer Moderne, auf die wir noch warten.

Der *Woyzek* ist in den letzten zehn Jahren wiederholt gegeben worden. Der Erfolg bewies jedesmal, daß hier mehr war als eine interessante Ausgrabung. Dennoch verhindern die technischen Schwierigkeiten dieser Folge von kleinen und kleinsten Szenen einen Siegeszug über die deutschen Bühnen. Max *Reinhardt* beschränkte sich auf schlichte, aber stimmungskräftige Hintergründe. Die Bühnenbilder von John *Heartfield* und Franz *Dworski* betonten mit Glück das spukhafte Element, das die irdische, allzu irdische Fabel vom Leben und Sterben des armen Franz Woyzek umwittert. (Zum ersten Male las man auf dem Theaterzettel diese richtigere Form, anstatt der früher gebräuchlichen „*Wozzek*").

Reinhardts tiefste Begabung zeigt sich immer dann am reinsten, wenn er nicht den massengebietenden Theater-Napoleon zu spielen hat, sondern einen kleinen Rahmen mit Leben erfüllen muß. Haupt- und Staatsaktionen geräuschvoll durch die Arena hetzen, das können, wie sich gezeigt hat, andere auch. Aber Duft und Schimmer eines Dichterwerkes für die Bretter zu retten, das ist sein eigenster und schwerster Beruf. Davon legt auch dieser Büchner-Abend wieder und wieder Zeugnis ab.

Eugen *Klöpfer* war der Träger der Titelrolle. Ein armer Kerl von Epileptiker, schlichthaarig, mit grauem, vergrämten Antlitz, ein wenig böhmakelnd – das richtige Objekt zum Schikanieren und Betrügen. Wie er mit stummem Blick eine Gottheit anzuflehen scheint, ihm doch die schwere Zunge zu lösen, wie allmählich in der geduckten und geschundenen Kreatur die Bestie erwacht, das wird lange in Erinnerung bleiben. Auguste *Pünkösdy* als Marie war, was sie sein soll – kein bibberndes Gretchen, sondern ein derbes, proletarisches Mädel voll heißer Sinnlichkeit. Von den vielen Mitwirkenden seien noch *Diegelmanns* spießiger Gamaschenknopf, *Dieterles* buntlackiertes Vieh von Tambourmajor und der gelehrte Kretin des Herrn Kühne genannt.

Reinhardt, *Klöpfer* und die *Pünkösdy* wurden immer wieder gerufen.

Material 19

Theodor Heuss: Georg Büchner. Zum 100. Todestage am 19. Februar 1937
(Theodor Heuss: Georg Büchner; in: Die Hilfe (43) 1937, S. 63–65. Zitiert nach: Georg Büchner und die Moderne. Texte, Analysen, Kommentar, hrsg. v. Dietmar Goltschnigg, Bd. 1. 1875–1945, Berlin: Erich Schmidt Verlag 2001, S. 430 f.)

Der frühe Tod dieses Jünglings bleibt der Phantasie ewige Lockung, um Schicksaldinge zu rätseln. Er ist knapp dreiundzwanzig Jahre alt, da stirbt er an einem raschen Fieber. Das Jahr zuvor hatte er, ein politischer Flüchtling, in Zürich als Mediziner promoviert und unmittelbar darnach die Genehmigung erhalten, physiologische Vorlesungen und Übungen zu halten. In seinen Briefen spricht er davon, daß er daran gehen wolle, die Entwicklung der neueren deutschen Philosophie zur Darstellung zu bringen. Und war doch eigentlich ein Dichter? Oder steckte in ihm der Beruf, die gärende politische Leidenschaft des Vormärz zu Zielen zu formen, ein Agitator, der doch zugleich realistisch die Grenzen der Zeit, den Stand der geistigen und sozialen Voraussetzungen begriff?

In die paar Studentenjahre von Gießen und Straßburg ist das literarische Werk zusammengedrängt – drei Dramen, ein Novellenfragment, eine politische Flugschrift. 1835 entsteht „Dantons Tod“, in fünf Wochen heruntergeschrieben, wie Büchner an Gutzkow mitteilt, dem er das Manuskript sendet. Die Luft in Hessen ist dumpf. Die Pariser Juli-Revolution hatte erregend gewirkt – es war zu bäuerlichen Erhebungen gekommen. Sie waren natürlich sinnlos und wurden mit harten Strafen geahndet. Aber die geistige Unruhe blieb. In Darmstadt regierte der Minister du Thil, dessen vor einigen Jahren erschienenen Denkwürdigkeiten Zeit und Land in der Skepsis eines altgewordenen, klugen Routiniers spiegeln. Die Gießener Burschenschaft war die Mitte des politischen Radikalismus. Büchner stand ihr nahe. Aber er trennte sich von ihr, weil sie mit ihren Bestrebungen sich im akademischen Rahmen halten wollte. Sein agitatorischer Sinn wie auch sein Urteil über die sozialen Schichtungen hielten nicht allzuviel von der umgestaltenden Wirkung, die Ideen und Bestrebungen in der Bildungsschicht auf das Wesen der „Gesellschaft" haben könnten. Das spricht auch ein Brief über Gutzkow ganz deutlich aus. Er will nicht zum „Jungen Deutschland" gerechnet werden. Er glaubt nicht an die politisch-pädagogisch Idee, die von bürgerlicher Einsicht her den Staat und die gedrückten Lebensverhältnisse wandeln könnte. Er sieht die bewegende Kraft in dem Bewußtwerden derer, die in Not sind. „Materielles Elend und religiöser Fanatismus" sind ihm die zwei Hebel, mit denen „die große Klasse" ihre Lage wenden kann. „Unsere Zeit braucht Eisen und Brot – und dann ein Kreuz oder sonstwas. Ich glaube, man muß in sozialen Dingen von einem absoluten Rechtsgrundsatz ausgehen, die Bildung eines neuen geistigen Lebens im Volke sichern und die abgelebte moderne Gesellschaft zum Teufel gehen lassen. Zu was soll ein Ding, wie diese, zwischen Himmel und Erde herumlaufen? Das ganze Leben derselben besteht nur in Versuchen, sich die entsetzliche Langeweile zu vertreiben. Sie mag aussterben, das ist das einzig Neue, was sie noch erleben kann." So an Gutzkow im Jahr 1836, nachdem auf diesen und seinen Kreis die Verdammung durch den Frankfurter Bundestag gefallen war.

Zwei Jahre zuvor, im Juli 1834, hatte Büchner den „Hessischen Landboten" hinausgehen lassen; der Pfarrer Weidig, der später unter mannigfachen Quälereien im Gefängnis enden sollte, änderte einiges daran, milderte dies und jenes. Das Heft hat unter den politischen Pamphleten Deutschlands klassischen Rang. Es fehlt ihm nicht an Vorgängern; Schubarts Publizistik hatte draufgängerische Derbheit, die politischen Flugschriften gegen die napoleonische Bedrückung waren voll Adel und Sprachkraft – aber keine besitzt jene naive Sicherheit der volkstümlichen Anrede wie dieses in der Sprachführung unvergleichliche Stück, in dem zugleich eine demagogische Genialität sich ein Denkmal setzte – man könnte den „Landboten", der ja wesentlich an kleinbauerliche Verhältnisse denkt, mit modernen Begriffen eine „Etat-Analyse" nennen. Denn Büchner setzt die Posten ein, die im Ausgaben-Budget des Großherzogtums massiert erscheinen, um seinen Lesern mit Hohn und Leidenschaft den Sinn ihrer mühseligen Arbeit zu demonstrieren. Das „Positive", die Aufzeichnung des „Programms" wird man nicht suchen dürfen; Büchner hat eine gewisse Angst, die kommende

Geschichte in festen doktrinären Formen erstarren zu sehen, wo die revolutionären Klubs und Gesellschaften die Zukunft rascher auf den Marsch bringen wollen. Das scheint ihm Spiel. Es muß ihm zunächst genügen, in größter Dichte der sprachlichen Gestaltung und farbiger Anschaulichkeit dem Leser die Augen über seine Lage zu öffnen. Der Staat bedeutet ihm dabei nicht allzuviel, vor allem der Staat, den er vor sich hat – denn alles Klein- und Mittelfürstentum ist ihm nur geschichtlicher Raub an einem alten Kaiserrecht, die rheinbundstaatlichen Gebilde Verlegenheitsformen des Unrechts.

Uns scheint es übertrieben, um dieser Schrift willen Büchner in die Geschichte eines deutschen Frühsozialismus einzugliedern, wie das wohl manchmal geschieht. Denn dazu müßten die Ansätze eines systematischen Denkens stärker ausgeprägt sein. Das Unerhörte dieser Schrift ist nicht eine soziale Theorie, sondern ihre geschichtliche Spürkraft. Im Aufnehmen der sozialen Gruppenproblematik wirkt sie so „modern".

Dabei steckt in Büchner selber sehr viel 18. Jahrhundert. Die Studie über Lenz, den Straßburger Weggenossen Goethes, ist schon in der Stoffwahl ein autobiographischer Beitrag. Der politische und soziale Demagog, als der dieser Student erscheint, war kein „Volksmann"; er legte Wert auf Distanz, auf ein wenn auch bescheiden, so doch bewußt gepflegtes Leben; sein Spott war gefürchtet. War er ein Snob? „Ich hoffe noch immer, daß ich leidenden gedrückten Gestalten mehr mitleidige Blicke zugeworfen, als kalten vornehmen Herzen bittere Wort gesagt habe."

Die „leidende gedrückte Gestalt", auf die sein Blick fiel und die ihn dann nicht mehr ließ, bis er dichterische Form von ihr gewann, war der „Woyzek"; nie vorher und kaum nachher ist das Dumpf-Kreatürliche so zu Sinnlichkeit und Sinnenhaftigkeit gezwungen worden wie in Büchners knapper dramatischer Ballade. Auch der „Danton" ist eine Reihe von Balladen. Man mag finden, daß die französischen Revolutionäre ihren Kampf, wer als erster wohl sterben werde, allzusehr mit Bonmots und geistreichen Aphorismen führen – Büchner nimmt Stücke, Worte der Überlieferung, aber neben ihnen wuchert sein eigener antithesenreicher Geist, der Einfall neben Einfall setzt – Leben gegen Doktrin, Individualität gegen Massenlehre. Er will darin

Geschichte geben. Des dramatischen Dichters „höchste Aufgabe ist, der Geschichte, wie sie sich wirklich begeben, so nahe als möglich zu kommen. Sein Buch darf weder sittlicher noch unsittlicher sein als die Geschichte selbst; aber die Geschichte ist vom lieben Herrgott nicht zu einer Lektüre für junge Frauenzimmer geschaffen. ... Wenn man mir übrigens sagen wollte, der Dichter müsse die Welt nicht zeigen, wie sie ist, sondern wie sie sein solle, so antworte ich, daß ich es besser machen will als der liebe Gott, der die Welt gemacht hat, wie sie sein soll." Goethe und Shakespeare, nicht Schiller, nennt er als seinen Maßstab. Aber in dem Danton gab er nun doch nicht bloß Geschichte, wie sie (vielleicht) gewesen, sondern tragische Erfüllung eines Schicksals, das er als Anlage dem seinen verwandt spüren mußte.

Material 20

Anna Seghers: Buechners Wozzeck in México (1944)
(in: Anna Seghers. Gesammelte Werke in Einzelausgaben. Band 13. Aufsätze. Ansprachen. Essays 1927–1953

Buechner gehoerte zu den ersten, und auch heute noch wenigen deutschen Dichtern, die im Leben und im Werk die politische Emigration am weitgehendsten verkoerpern. Sein literarisches Erbe ist deshalb notwendig. Buechners Gedenkstein auf dem Rigi-Blick bei Zuerich gab uns vor zehn Jahren eine schneidende Begruessung. Man koennte den vierundzwanzigjaehrigen Toten fragen, warum er nicht einen starken deutschen Arbeiter gezeigt hat mit aller Kuehnheit und aller Einsicht in den Kampf. Durch seine politischen und seine privaten Erfahrungen neigte Buechner dazu, den Zug zu vergroebern, der in der damaligen Literatur alle deutschen Dichter kennzeichnete. Ob Goethe's „Tasso", ob Kleist's „Penthesilea", ob Buechner's „Wozzek" [–] die charakteristischen Elemente sind ins Krankhafte, ins Rasende uebersteigert. Wieviel daran die „deutsche Misere" schuld ist, kann man einmal untersuchen. Buechner, privat, war Nervenarzt. Politisch hat er neben der Reaktion und neben der Emigration die betruebliche Erfahrung gemacht, dass die Bauern seinen „Hessischen Landboten" der Polizei abgaben. Er war in seiner Haltung erstaunlich kuehn. [...]

Material 21

Wolfgang Langhoff: Die verschiedenen Fassungen des Woyzeck (1948)

(in: Georg Büchner und die Moderne. Texte, Analysen, Kommentar, hrsg. v. Dietmar Goltschnigg, Bd. 2. 1945–1980, Berlin: Erich Schmidt Verlag 2002, S. 165–168)

Wie sich der dreiundzwanzigjährige Georg Büchner selbst die endgültige Fassung und das Ende seines Trauerspiels „Woyzeck" gedacht haben mag, bleibt uns unbekannt. Er starb, ehe der „Woyzeck" vollendet war, 1837, als deutscher Emigrant in Zürich, und hinterließ drei Niederschriften des Werks, alle drei verschieden weit gestaltet, verschieden in der Anzahl und der Reihenfolge der Szenen, durchgestrichen, geändert, oft sprunghaft spätere Phasen der Handlung vorgeformt, je nach seiner Hinneigung zum Stoff: So blieben die Schriften zunächst viele Jahre unbekannt im Nachlaß Büchners, den seine Familie verwaltete.

Erst 1875 übernahm der Büchnerbiograph Franzos die schon [...] vergilbten und oft ganz unleserlichen Woyzeck-Szenen und machte sich ans Entziffern und Zusammenstellen des Fragments. Und weitere vierzig Jahre mußten vergehen, ehe der „Woyzeck" auf einer deutschen Bühne gezeigt wurde. Also fast ein Jahrhundert hat es gedauert, ehe ein Drama Gestalt wurde, das zu den größten unserer Literatur zählt und sich mit Shakespeares Dramen vergleichen läßt. Aber auch heute noch ist seine Gestalt umstritten, auch heute noch wird um die endgültige Fassung, die „büchnergetreueste", gerungen, selbst der Kampf um den Namen – „Wozzeck" oder „Woyzeck" – noch geführt, obwohl die Forschung unterdessen die richtige Lesart „Woyzeck" einwandfrei nachgewiesen hat. Name ist Schall und Rauch, ob „Wozzeck" oder „Woyzeck", darüber zu streiten würde sich nicht verlohnen, wesentlich wird das Problem erst bei der Anordnung der Reihenfolge der einzelnen Szenen, und entscheidend bei der Frage: Verübt Woyzeck, nachdem er Marie getötet hat, Selbstmord im Teich, oder bleibt er am Leben, um in einer späteren Szene, die Büchner nicht mehr geschrieben hat, hingerichtet zu werden?

Franzos und nach ihm fast alle Bearbeiter [...] nahmen den Selbstmord Woyzecks an und endeten das Stück mit der Auf-

findung der Leiche Maries und dem Satz des Polizisten: „Ein guter Mord, ein echter Mord, ein schöner Mord ..." So findet allerdings das Drama im „klassischen" Sinne seinen Abschluß, das Fragment verliert seinen fragmentarischen Charakter, der Mörder Woyzeck „sühnt" seine Schuld, der Widerspruch des Lebens löst sich in der „höheren Harmonie des Dramas" auf. Die Frage bleibt, ob dieses Ende „büchnerisch" ist, ob Büchner an einer solchen Harmonie gelegen war? In der Inszenierung am Berliner Deutschen Theater konnte ich mich für keine dieser Fassungen entschließen, sondern habe eine zum Teil eigene, zum Teil einer Bühnenfassung von Leipp im Rowohltverlag folgende Zusammenstellung der Szenen vorgezogen.
Nach meiner Auffassung tötet sich der geschundene und gehetzte Woyzeck nicht, sondern wird von eben der Gesellschaft, die durch ihr seelenloses und grausames Verhalten den „Armen schuldig werden ließ", auch hingerichtet. Ein solches Ende entspricht dem ganzen Leben und dem Werk, der Philosophie und der Tat des revolutionären Dichters Georg Büchner, der den „Woyzeck" nicht als Drama des „vereinsamten Menschen schlechthin", als eine Demonstration des ohne alle Zeitbeziehung „tragischen Seins an sich" (wohin in neuerer Zeit einige Existentialphilosophen den „Woyzeck" umdeuten möchten) geschrieben hat, sondern als Anklage, als eine der größten sozialen Anklagen, die je ein deutscher Dichter sich aus dem Herzen schrieb.
Betrachtet man die Entwicklung der bürgerlichen Literaturkritik, die Entwicklung der deutschen Ästhetik während der achtzig Jahre, die der „Woyzeck" auf seine Uraufführung warten mußte, dann erscheinen die Bemühungen um eine „klassische", um eine, dem verhaßten Zeitstück abgewandte, idealistische, „rein menschliche" Deutung des Woyzeckproblems in verständlichem Lichte. Ja, man wird behaupten können, daß es diese Haltung der deutschen Kunstkritik war, die das späte Erscheinen des „Woyzeck" mitverschuldete. Auch die heutige bürgerliche Kunstkritik bemüht sich, wenn auch mit Zugeständnissen an die „Linke", um eine möglichst abstrakte, rein „menschliche", zeitlose Deutung des „Woyzeck" [...].
Woyzeck begeht keinen Selbstmord. Dazu im einzelnen: Während Woyzecks Mord an Marie in einer großartigen und schau-

rigen Szene geschildert wird, gibt es für die Annahme eines Selbstmords nur eine Szene am Teich, in den Woyzeck hineingeht, um das Mordmesser, das er erst zu nahe am Rande ins Wasser wirft, weiter hineinwerfen zu können, und um sich von den Blutspuren an Hand und Ellenbogen zu reinigen. Es heißt da: „Da ein Fleck und da noch einer …" Damit endet die Szene. Franzos, der den Text überhaupt sehr fehlerhaft und selbstherrlich bearbeitete (er „ergänzte" ganze Szenen mit eigenem Text!), fügt als Regieanmerkung hinzu: er geht hinein und ertrinkt. Nun gibt es aber eine Szene, in der Woyzeck Maries Kammer betritt, um das Letzte, was ihm noch verblieben ist, sein Söhnchen Christian, zu umarmen und zu liebkosen. Dabei blickt ihn der „Idiot", der mit dem Kinde spielt, starr an und ruft mehrere Male: „Der is ins Wasser gefallen, der is ins Wasser gefallen!" Das kann nur bedeuten, daß Woyzeck aus dem Teich zurückgekehrt ist. Die Deutung, daß der Idiot diesen Ausruf in einer Art Vorahnung kommender Ereignisse getan habe, ist meines Erachtens unbüchnerisch und nicht überzeugend, weshalb Ernst Hardt und andere die Szene kurzerhand gestrichen haben, um bei der Annahme des Selbstmordes bleiben zu können. In meiner Bearbeitung, ebenso wie bei Leipp, steht diese Szene am Ende des Stückes. Ferner: In der Szene, da die Leiche der Marie aufgefunden wird: „Ein guter Mord, ein echter Mord, usw.", nennt Büchner unter den Personen, die dieser Leichenschau beiwohnen, einen „Barbier". Damit kann niemand anders als Woyzeck selbst gemeint sein, der also nach der Teichszene noch einmal auftaucht. Ein weiterer, allerdings indirekter Beweis, daß Woyzeck nicht ertrunken ist, sondern bis zu seiner Verhaftung und Hinrichtung weiterlebt, ist von der Büchnerforschung geliefert worden: Woyzeck ist keine dem Kopfe eines Dichters entsprungene Dramenfigur, sondern einem lebendigen Menschen nachgezeichnet, dem Friseur und Stadtsoldaten Johann [Christian] Woyzeck, der auf dem Marktplatz zu Leipzig im Jahre 1824 wegen Mordes an seiner Geliebten öffentlich hingerichtet wurde. Damals war Büchner ein elfjähriger Junge. Später, als Zwanzigjähriger, fand er den Stoff in den gerichtsmedizinischen Fachschriften seines Vaters und hat ihn zur Grundlage seines Dramas gemacht. Der Prozeß Woyzeck hatte damals die Zeitgenossen, vor allem die Mediziner, sehr erregt, weil die Zurechnungsfähigkeit Woyzecks von einigen Ärzten angezweifelt wurde. Der Prozeß dauerte zwei Jahre. Während nun die klinischen Gutachten sich mit der psychologischen Seite, der Darstellung physiologischer Reaktionen und der Geisteskrankheit Woyzecks befaßten, die ihn zum Mörder werden ließen, stellte der junge Realist Büchner die Frage nach der „sozialen Indikation", die Frage nach den „Umständen", nach der gesellschaftlichen Lage, die Woyzecks Leben und Tun bestimmten. Und so entsteht das größte soziale „Zeitstück" unserer Literatur, das gerade wegen seiner Zeitbezogenheit und seiner realistischen Methode „zeitlos" werden mußte, weil es wahre, blutvolle, in einer bestimmten Gegenwart lebende Menschen schuf, Menschen in der unauflösbaren Einheit von Augenblick und Ewigkeit, von Wandlung und Dauer, von Individualität und Typ.

Ist also der historische Woyzeck hingerichtet worden – darf daraus geschlossen werden, daß auch Büchners Woyzeck hingerichtet wird? Bei der Schaffensweise Büchners unbedingt. Büchner erfindet keine Tatsachen, er erleuchtet und durchleuchtet sie nur. Wo er vom historischen Stoff abweicht, tut er dies nur, um die reale, innere Wahrheit der Wirklichkeit zu verdichten und transparent zu machen. [...]

Material 22

Walter Höllerer: Georg Büchner in seinem Woyzeck (1954) (in: Georg Büchner und die Moderne. Texte, Analysen, Kommentar, hrsg. v. Dietmar Goltschnigg, Bd. 2. 1945–1980, Berlin: Erich Schmidt Verlag 2002, S. 249–252)

Georg Büchners Werke sind erstaunliche erratische Blöcke in der deutschen Literaturgeschichte. Nicht von ungefähr wurden sie erst siebzig Jahre nach ihrer Entstehung, um 1910, zur Zeit der expressiven Dichter, für ein breiteres Publikum entdeckt. Werke eines Unzeitgemäßen, der seiner Epoche um ein Jahrhundert voraus war: im Bühnenstil, im Sprachstil, in der dichterischen Konzeption. Was dieser Zeitgenosse von Eichendorff, Heine, Mörike, Stifter schrieb, knüpfte noch an romantische Form an und lehnte sich zugleich dagegen auf. In dieser Auflehnung bewährten sich die Mittel der Desillusion, und eine radikal realistische, ja naturalistische Nähe zu den Dingen verwahrte sich gegen Poetisierung. Aber Büchner war mehr als ein Stratege des Realismus. Er durchbrach die poetische Abschilderung einer für selbstverständlich angenommenen Wirklichkeit. In seinen Werken finden sich Stellen, die nur mit einer viel späteren Dichtung zu vergleichen sind: im supranaturalen Aufsprengen und Verfremden dieser Wirklichkeit.

[…] Im „Woyzeck“, Büchners letztem Stück, das der Vierundzwanzigjährige in Zürich schrieb (Büchner starb im selben Jahr, 1837), ist diese Sprache so zusammengezogen, so völlig befreit von jedem Ornament, von jeder dekorativen Geste, so eingedampft, daß jede Silbe gefüllt ist und trifft […].

Was für den kleinsten Ausschnitt dieser Dichtung gilt, das gilt auch für ihre Gesamtkonzeption. In Antithesen reiht Büchner seine knappen Szenen. Einspurige Finalität wird nicht eingehalten. Der Zusammenhang liegt in Spannungsverhältnissen. Die Gestaltungskraft setzt im Aufsplittern eine Welt von Bezügen. Die zerstörende Kraft ist zugleich eine schaffende Kraft. Geschlossene Form wird nicht angestrebt. An ihre Stelle tritt eine Konzeption, die durch das Eingeständnis ihrer Unvollkommenheit einen Schritt näher zur Kreatur und zugleich zu einer fragmentarischen Vollkommenheit hin tut. […]

Das führt so weit, daß nicht ersichtlich ist, wie denn die richtige Aufeinanderfolge der Szenen sei. Denn das Stück ist fragmentarisch. Wir können uns nur auf zwei voneinander abweichende Handschriften, den „Folioentwurf“ und die „Quartfassung“, stützen. Daß das Stück ohne Schluß überliefert ist, hat man zuweilen so ausgedeutet, daß es einen Schluß für den „Woyzeck“ nicht gibt und nie hätte geben können. Es sei ein unendliches Stück. Tatsächlich bleibt offen, ob Woyzeck im Weiher ertrinkt, als er das Messer noch weiter hinaus ins Wasser werfen will. Die Natur ginge dann, weder rächend noch barmherzig, sondern unberührt über ihn hinweg (der Schluß „Selbstmord“ wäre eine Fehldeutung). Die andere Möglichkeit ist, daß Büchner seinen Woyzeck vielleicht verhaften oder verurteilen lassen wollte. Darauf deutet eine Szene, in der Woyzeck (nach der Weiherszene?) seinem Söhnchen noch einmal gegenübertritt.

Wie Büchners „Woyzeck“ ausgegangen wäre, wird man ohne einen neuen Manuskriptfund nie sagen können. Wahrscheinlich hätte ihm Büchner einen nicht vorausberechenbaren, offenen

Schluß gegeben, wie er dieser Konzeption angemessen ist, und wie wir ihn auch in dem Drama „Dantons Tod" vorfinden. Dieses „Revolutions-Drama" endet mit dem Ruf: „Es lebe der König!", mit dem sich Lucile dem Henker überantwortet. In diesem Schluß liegt nicht nur die *Entschleierung* des Karussellaufs der Welt, sondern auch der *Schmerz* Luciles und ihre *Liebe* zu Camille, der ihr in den Tod vorausgegangen ist. – Eine annehmbare Notlösung für einen aufführbaren Schluß des „Woyzeck" [...] endet mit der Szene „Es kommen Leute":
„Es ist unheimlich! So dunstig, allenthalben Nebelgrau – und das Summen der Käfer wie gesprungene Glocken. Fort!"
„Nein, zu deutlich, zu laut! Da hinauf! Komm mit!"
Dieser offene Schluß widerspricht der inneren Bewegung dieses Dramas nicht. Er zeigt Büchner in seiner Realistik und in der Überblendung dieser Realistik. Er zeigt, im Tod des Barbiers Woyzeck, den Ankläger Büchner, der aber nicht bei einem sozialrevolutionären Stück stehenblieb, sondern darüber hinausging. Büchners Tragödie ist theatrum mundi am Exempel Woyzecks.

Material 23

Heiner Müller: Die Wunde Woyzeck (1985)

(in: Heiner Müller: Die Wunde Woyzeck. Büchnerpreisrede 1985. In: JbDA 1985, S. 192 f. © Suhrkamp Verlag)

1

Immer noch rasiert Woyzeck seinen Hauptmann, ißt die verordneten Erbsen, quält mit der Dumpfheit seiner Liebe seine Marie, staatgeworden seine Bevölkerung, umstellt von Gespenstern [...].

2

Ein vielmal vom Theater geschundener Text, der einem Dreiundzwanzigjährigen passiert ist, dem die Parzen bei der Geburt die Augenlider weggeschnitten haben, vom Fieber zersprengt bis in die Orthografie, eine Struktur wie sie beim Bleigießen entstehen mag, wenn die Hand mit dem Löffel vor dem Blick in die Zukunft zittert, blockiert als schlafloser Engel den Eingang zum Paradies, in dem die Unschuld des Stückeschreibers zu Hause war. [...]

3

[…] *Woyzeck* ist die offene Wunde. Woyzeck lebt, wo der Hund begraben liegt, der Hund heißt Woyzeck. Auf seine Auferstehung warten wir mit Furcht und/oder Hoffnung, daß der Hund als Wolf wiederkehrt. Der Wolf kommt aus dem Süden. Wenn die Sonne im Zenith steht, ist er eins mit unserm Schatten, beginnt, in der Stunde der Weißglut, Geschichte. Nicht eh Geschichte passiert ist, lohnt der gemeinsame Untergang im Frost der Entropie, oder, politisch verkürzt, im Atomblitz, der das Ende der Utopien und der Beginn einer Wirklichkeit jenseits des Menschen sein wird.

Material 24

Woyzeck in der Grube. Saß im Mief: Thomas Ostermeier zwingt Georg Büchner ins Berliner Schaubühnen-Milieu (2003)

(in: Frankfurter Allgemeine Zeitung v. 23.5.2003.

Man denke einmal: Ringsum unterm fahlen Himmel endlos trübe Plattenbauten wie aus dem schönsten Trostlosigkeitsskizzenbuch; unter der grauen Autobahnbrückenruine ragt in die malerische Abwassergrube mit der trostlos glitzernden Abwasserpfütze ein geheimnisschwangeres Abwasserrohr, auf das droben vom Abwassergrubendeich her eine grandios versiffte Imbißbude nebst einem irgendwie erhabenen Chemikalienklo trostlos herunterschaut, als sei's ein Ritterburg-Ensemble überm Rhein. Wir aber befinden uns in einer ostdeutschen Super-Sozialbrache, schön erbauet von Jan Pappelbaum in der westdeutschen Berliner Schaubühne.

Und da hinein, das denke man einmal, treten stiernackige, tätowierte, in schwarzes Leder gekleidete böse Buben, von denen einer einen schwarzen Kampfhund dabei hat, andere aber eine schwarze Gesinnung, die sie besinnungslos zuschlagen läßt, was sie alle mit stark osteuropäisch eingefärbten Kehllauten zu kommentieren scheinen: Eine Russen- oder womöglich auch Ukrainer-Wolgasachsen-Aussiedlermafia-Gang terrorisiert – Ha! und Ho! und Nitschewo! – ostdeutsche Abwassergruben. Vom Wirt der Imbißbude, der sich „Andres“ nennt, Bierkästen schleppt und an dicke, ostdeutsche Alkoholiker erste Frühstücksschnäpse müde und mürrisch ausschenkt, erpreßt die Gang wohl Schutzgelder, wenn sie nicht einen Frühsport-Rap hiphopt oder den ostdeutschen Frührentner im Aldi-Anorak zusammenschlägt, der da auf seinem alten Fahrrad herbeiprescht, sich „Woyzeck“ nennt, „Andres, hörst du? Alles hohl da unten. Die Freimaurer!“ murmelt, sein angepapptes Haar nervös glattstreicht und in den Tümpel stiert, aus dem er Tang, Plastikfrösche oder Kondome fischt.

Man denke nun weiter, einer von der Gang nennt sich „Hauptmann“. Er trägt als einziger einen weißen Nadelstreifenanzug, einen Pistolenhalfter aus Schlangenleder, unterm Nadelstreifen einen schwarzen String-Slip, auf der Zunge aber unüberhörbar schärfsten Wiener Dialekt. Was ihn zum Chef einer Ost-Gang sofort qualifiziert. Und nun wälzt er sich ekstatisch in der Abwasserpfütze und schreit: „Er macht mich ganz melancholisch, Woyzeck!“ Wieder ein anderer, der einen feinen langen Ledermantel sein eigen nennt, ein Drogen-Spritzenbesteck mit sich führt, „Doktor“ tituliert werden möchte und unter seiner Sonnenbrille denn auch hervorblinzelt wie ein doppelböse promovierter Dr. med. Dr. krim. Mabuse, ruft mit dürrer Stimme: „Er hat an die Wand gepißt, Woyzeck!“ und fragt: „Hat er seine Erbsen gegessen, Woyzeck?“ Offenbar redet man sich im trostlosen Osten mit der dritten Person an wie einst die Biedermeier-Menschen um 1830.

Man stelle sich nun vor: Auch die gedunsene Zickenschlampe in der roten Adidas-Trainingsjacke redet so komisch: „Unsereins hat nur ein Eckchen in der Welt.“ Sie nennt sich „Marie“, führt einen Kinderwagen mit sich, in dem ein ausgewachsener Zwergwüchsiger im römischen Gladiatorenkostüm sich flegelt, der sich dann auch in die Gangsterbande einreiht, von dem sie aber behauptet, dies sei ihr zweijähriges uneheliches Kind. Sie treibt‘s hinterm Abwasserdeich mit dem Oberglatzkopf der Bande, dem sie hingebungsvoll alle Fettwülste massiert und der sich „Tambourmajor“ nennt. Sie spricht aber merkwürdigerweise: „Ich bin doch ein schlecht Mensch.“ Einmal tanzt sie für die Bande sogar einen Bauchtanz. Derweil doziert der „Hauptmann“ über „Subjekt und Objekt“, während der „Doktor“ den

nackten „Woyzeck“ mit Rasierseife einschmiert und ihm mit einer Doktorszange böse den Penis langzieht. Offenbar geht's im Osten halt so zu.
Am Ende wird die Bauchtänzerin vom Frührentner an der Abwasserpfütze in einem wilden Messerstich-Kopulationsakt abgemurkst. Denn er hat ihr wohl immer „Löhnung“ gebracht, die er vom „Doktor“ bekam, weil er brav seine Erbsen gefressen hat, oder vom „Hauptmann“, dem er die Bein- und Popohaare rasiert hat, was den Gangsterchef allemal zur Ekstase trieb. Irgend etwas muß dieser Aldi-„Woyzeck“ mit dieser Adidas-„Marie“ gehabt haben. Nur was? Irgend etwas müssen der „Doktor“ und der „Hauptmann“ mit „Woyzeck“ vorgehabt haben. Nur was? Irgend etwas muß „Woyzeck“ erlitten und erduldet haben. Nur was? Die Schauspieler teilen es uns jedenfalls nicht mit. Sie haben nur Macken, Ticks, Marotten.
Dies alles bedenkend, muß man sagen: Hier stimmt nichts. Denn Gangster und ostdeutsche Trostlose von heute mimen ja wohl kaum Büchners „Woyzeck“ von 1836, wenn sie trostlos an Abwassergruben herumlümmeln. Wer ihrem gesellschaftlichen Elend eine alte literarische Folie verpaßt, der verhonepipelt es nur. Umgekehrt aber: Büchners geniales „Woyzeck“-Fragment von 1836 ist das erste Dokument absolut trost- und gnadenloser Moderne. Vorläuferdramatik. Der Mensch als genmanipuliertes Objekt unterm Mikroskop des Doktors. Der Mensch als exerziergeschundenes Objekt unter der Fuchtel des Hauptmanns. Der Mensch als lustverbranntes Objekt im fremdbestimmten Trieb-Spiel mit Marie und dem Tambourmajor. Und das Weltall leer, die Sonne eine „verwelkte Sonnenblume“, der Mond „ein Stück faul Holz“, die „Erde ein umgestürzter Hafen“. Hier reichen sich Freud und Marx, Foucault und Darwin, Frankenstein und Beckett die vorweggenommenen Geisterhände. Wer das in ostdeutsche Abwassergruben tunkt, ertränkt's im Schmonzetten-Kitsch.
Thomas Ostermeier, regieführender Chef der Berliner Schaubühne und stets auf der so wackeren wie treuherzigen Suche nach der neuen sozialen Welt auf der Bühne, was bei ihm in den besseren Fällen im handwerklich intelligenten Stadttheater, in den schlechteren im theorieverkrampften Milieu landet, hat unlängst Ibsens alter „Nora“ eine Gegenwart freigeschossen. In-

dem er der luxuriös ausgebeuteten Puppenfrau am Ende ganz naiv eine Pistole in die Hand drückte. Und Nora ballerte los. Plötzlich roch's herrlich asozial nach eiskaltem Sauerstoff in der Schaubühne. Den „Woyzeck" hat er mit derselben treuherzigen Naivität als Häschen in der Sozialgrube verrecken lassen. Und es riecht ungeheuer nach Mief.

Material 25

Karl-Markus Gauß: Woyzeck war kein Opfer. Er war Täter (2003)

(in: Karl Markus Gauß: Woyzeck war kein Opfer. Er war Täter. Michael Thalheimer macht in Salzburg aus Büchners Helden einen gefährlichen Proleten, Die Zeit Nr. 35 (2003), S. 34)

Schwer zu sagen, ob es von Vorteil oder Nachteil ist, Büchners dramatisches Fragment „Woyzeck" zu kennen, wenn man in Michael Thalheimers Salzburger Aufführung gleichen Titels geht. Hat man die vor fast 170 Jahren verfasste Szenenfolge im Gedächtnis, glaubt man zu wissen, dass Woyzeck die einprägsamste Gestalt des gedemütigten Armen ist, die bis dahin am deutschen Theater aufgetreten ist; eines Armen, mit dem die Repräsentanten der Macht, hier der gockelhafte Vertreter der alten Aristokratie, der Hauptmann, dort der zynische Wegbereiter der bürgerlichen Moderne, der Doktor, ihr grausames Spiel treiben. Nachdem sein Körper durch die Experimente des Doktors ruiniert, seine Seele ins Pathologische zerrüttet und durch den Tambourmajor seine Eifersucht geweckt ist, ersticht er Marie, das Liebste, das er hatte: ein Mörder, zweifellos, aber das Theater, wie Büchner es verstanden hat, war nicht das erzherzogliche Landgericht, und darum hat er den Täter nicht ein zweites Mal schuldig gesprochen, sondern als Opfer konzipiert, und als dieser unheimliche, von seinen Wahnvorstellungen geplagte, von den Verhältnissen gequälte „arme Woyzeck" ist er in die Theatergeschichte eingegangen.

Wenn man das alles weiß, wird man sich wundern, wie rabiat sich Thalheimer nicht darum schert, was bei Büchner geschrieben steht. Dass er viele Szenen der ohnehin nicht vielen Szenen des Fragments ebenso streicht wie etliche Gestalten, das braucht bei einem Regisseur, dessen früher Ruhm darauf gründet, dass er es gewissermaßen auf das Skelett des Stückes abgesehen hat, nicht zu wundern. Thalheimer hat aber Büchners Fragment nicht nur weiter fragmentiert, bis es gerade noch 75 Minuten dauert, es auf die übrigens völlig kahle Bühne zu setzen; er hat auch das Kunststück zuwege gebracht, dabei jede Menge hinzuzufügen: immerhin fünf Leichen nämlich.

Wollte Büchner den historischen Woyzeck – einen nach den Akten offenbar geisteskranken Soldaten, der 1824 wegen eines Eifersuchtsmordes in Leipzig hingerichtet wurde – in gewissem Sinne rehabilitieren, macht ihm Thalheimer noch einmal den Prozess. Bei ihm ist Woyzeck nicht nur ein Mörder, sondern ein Serienkiller.

Kurios genug, aber Hauptmann wie Doktor, diese Büchnerschen Karikaturen des Standesdünkels und der Despotie, sind Woyzeck von Anfang an unterlegen, lächerliche Popanze, stammelnd der eine, affektiert der andere. Dass er den Doktor, der bei Büchner als Repräsentant des aufsteigenden Bürgertums charakterisiert wird, näseln lässt, als wäre er ein dementer Abkömmling der Aristokratie, belegt Thalheimers verblüffendes Desinteresse an allem, was über seinen Tag hinaus und in die Geschichte zurückweist. Nimmt man die Rezeptionsgeschichte von Büchners Stück zum Maß, markiert diese Festspielaufführung zweifellos die reaktionärste Auslegung, die dem „Woyzeck“ bisher angediehen ist: Sie kappt dem Stück jede soziale Kritik, dreht die Machtverhältnisse um, erklärt Woyzeck zum geheimen Herrscher und macht aus Büchner einen Biedermann, dem es vor dem Proleten graut.

Die Leute gehen ja aber auch gern ins Theater, ohne die Stücke zu kennen, die auf sie zukommen. Was sehen sie? Eine minimalistische Bühne, die von Olaf Altmann mit Stahlblech austapeziert wurde und ein wenig wie das Innere eines Gefrierschranks aussieht. Einen Woyzeck (Peter Moltzen), der vom Anfang bis zum Schluss in diesem Gefrierschrank steht und sich, gelegentlich herrisch, aufs große Gemetzel vorbereitet. Einen feisten Tambourmajor, dessen Eros durch einen nackten Hängebauch betont wird und der die paar Sätze, die er sagen darf, so laut zu brüllen hat, dass den wackeren Peter Kurth nur versteht, wer Büchners Text doch im Ohr hat. Einen Hauptmann, der eine stotternde Witzfigur ist und auf virtuose Weise

kein Wort herausbringt (Norman Hacker), einen Doktor, von dessen medizinischen Tiraden nicht viel übrig geblieben ist (Peter Jordan). Eine Marie, die wenig Anrührendes sagen darf, obwohl man merkt, dass sie wüsste, wie es ginge, wobei Fritzi Haberlandt ihr Talent mehr sportiv anzulegen hat, weil sie jeden Mann des Stücks einmal bespringt, was zumal beim lange sterbend, in seinem Blut röchelnden Hauptmann ziemlich blutig hergeht.
Ja, das Blut, es spritzt gewaltig. Andres und die geile Käthe werden mehr nebenbei erledigt, der Doktor und der Hauptmann mit Kehlschnitt, am besten kriegt es der Tambourmajor hin, der als echter Mann selbst dafür sorgt, dass ihn der rote Saft fontänengleich verlässt. Einzig der von Thalheimer erfundene „Ansager", der das Geschehen mit Schnulzen à la Iglesias begleitet, macht sich unerstochen aus dem Staub, was man dem rollengemäß schmierigen Markus Graf nicht wirklich gönnt.
In einem an Geschwätz à la mode nicht leicht zu überbietenden Interview, das im Programmheft abgedruckt ist, hat Thalheimer nicht nur erklärt, dass Büchners Drama „ein Dreigroschenroman, ein Schundroman" sei, sondern auch, dass er Woyzeck „als Opfer heute für nicht mehr relevant", sondern vielmehr für einen berechnenden „Fundamentalisten" halte. Vermutlich handelt es sich beim großen Woyzeck-Massaker also um einen Kollateralschaden im Kampf gegen den Terror.

Material 26

Barbara Villiger Heilig: Wir alle sind Woyzeck (2006) (in: Barbara Villiger Heilig: Wir alle sind Wozeck. Neil LaBute und Wilfried Minks quälen erfolglos Georg Büchner, Neue Zürcher Zeitung v. 1.7.2006)

Eines der allergrössten Beispiele deutscher Dramatik – manchmal sind Superlative richtig – blieb ein Fragment. Georg Büchner begann seinen ersten Entwurf des „Woyzeck" 1836, mit knapp 23 Jahren, bereits vor seiner Zürcher Promotion; wenige Monate später starb er und hinterließ drei unterschiedliche Handschriften des Stücks, alle unfertig. Solches und viel mehr wissen die Philologen; im Theater hat man sich auf eine Bühnenfassung geeinigt, welche 27 Szenen in eine problemlos nachvollziehbare Folge ordnet. Diese pflegen Regisseure mit

ihren Dramaturgen umzustellen, je nachdem, wie sie eine Inszenierung gewichten und zuspitzen wollen – das kann legitim sein und muss Büchner keinen Abbruch tun.
Die Geschichte des Soldaten Franz Woyzeck – sie beruht auf einem authentischen Gerichtsfall – ist in ihrer Substanz gleichzeitig parabelhaft und unverwechselbar: Büchners Kritik an den gesellschaftlichen Verhältnissen bündelt sich im getriebenen, misshandelten, ausgebeuteten und verratenen Titelhelden, der aus Eifersucht und psychischer Not ein Mörder wird, zu einem lebendigen Symbol.
Es zeugt von beachtlicher Verwegenheit, um nicht zu sagen von anmaßendem Etikettenschwindel, wenn das Schauspielhaus Zürich nun – einzige Eigenleistung im Rahmen der Festspiele – Büchners „Woyzeck" als „freie Adaptation" des US-Dramatikers Neil LaBute produziert, wozu man den amerikanischen Text durch Frank Heibert in ein äusserst farbloses Deutsch rückübersetzen ließ. Nur schon die Frage, wie ein Übersetzer sich in einer Lage wie dieser gegenüber dem Urtext verhalten soll – bei Büchner abschreiben? ihm ausweichen? –, jagt uns Schauer über den Rücken: Schließlich handelt es sich um ein einzigartiges Zeugnis deutschsprachiger Literatur, das den Vorteil hätte, hierzulande – im Unterschied zu Amerika – mit seiner ganzen Schärfe und Poesie verstanden zu werden.
Was aber die sogenannte Adaptation betrifft, beschränkt sie sich grosso modo darauf, dem Protagonisten intellektuelle Ambitionen aufzubürden, um aus ihm eine Art Double des Autors zu machen: Der Schreibblock ist Woyzecks Requisit; er liest Freund Andres daraus Sätze aufwieglerischen Inhalts vor, die Büchner in anderem Zusammenhang schrieb (er wusste wieso – zwischen Theaterstücken, Briefen und Pamphleten bestehen Unterschiede). Woyzeck als kleiner Mann mit grossen Ideen?

Der Bühnenbildner als Regisseur
Wilfried Minks, der die Sache in der kleinen Schiffbauhalle des Schauspielhauses Zürich inszeniert, wirkt ratlos vor dem aus der amerikanischen Emigration heimgeholten deutschen Klassiker. Einerseits re-büchnerisiert er ihn (die bei LaBute gestrichenen Freimaurer führt er flugs wieder ein). Anderseits verstärkt er mit eigenen dramaturgischen Basteleien die Tendenz,

das Stück in die Nähe der Revolution – der Französischen – zu rücken. Erst führt der Ausrufer auf dem Jahrmarkt einen als Affen verkleideten Menschen vor, dessen Rolle freilich verschwindet angesichts der halsbrecherischen Zirkusnummer einer Profi-Akrobatin (Maja Weiller). Während sie am vertikalen, aus der Trikolore bestehenden Seil turnt, hält Ludwig Boettger, den glitzernden Zylinder auf dem Kopf (Kostüme Judith Samen), eine revolutionäre Rede, als befände er sich in „Dantons Tod". Die Marseillaise erklingt. Wozu?

Minks zählt unter die bedeutendsten Bühnenbildner der Nachkriegsära. Auch im Schiffbau zaubert er ästhetisch: mit Kargheit und gezielten Signalen aus Farbe und Form. Vor dem grauen Kunststoff der Bühnenrückwand stehen schäbige Stühle, die – technischer Trick – dank einer Halterung in die Höhe fahren können: Das Jahrmarktspublikum entschwebt, als würde es von seinen bunten Ballons getragen, über den blutrot glänzenden Brechtgardine-Vorhang, der zeitweise gezogen wird. Rechts und links Türen für Auftritte und Abgänge. Oft bleibt unbeschäftigtes Personal freilich auf der Bühne sitzen: Tomas Flachs Nóbregas feister Hauptmann unten am Boden und Siggi Schwienteks Irrer – der schon zu Beginn das himmeltraurige Märchen vom einsamen Kind, hier „Buben", erzählt – oben an der Wand. Ein konsequentes Konzept fehlt.

Verschenkte Rollen

Und es fehlt noch manch anderes in dieser schleppenden, lauten, unkonzentriert dahinpolternden Aufführung, die ihr Zentrum sucht und nicht findet. Denn die wenigen Nebenrollen (auf Kinder und Volk verzichtet LaBute) mögen mehr oder weniger artig gespielt sein – Miriam Maertens als kokette Margret, André Meyer als vergelsterter Andres, Michael Ransburg als eitler Unteroffizier, Oliver Masucci als klotziger Tambourmajor –, doch sie wirken wie vereinzelte Serienware ohne Zusammenhang. Daniel Hajdu als Doktor in weißem Mantel und mit seltsam giftgrüner Krawatte verschenkt seine Rolle total: Nichts vom eifernden, unfreiwillig zynischen Wissenschaftsidealismus der Figur, die Woyzeck richtiggehend foltern müsste, spricht aus dem blassen Schauspieler. Und Siggi Schwientek, der ausser dem Irren in seiner unnachahmlich konzentrierten Innerlichkeit den Juden spielt, vermag dem zerfaserten Ensemble keine Einheit zu geben.

Bleiben Woyzeck und Marie. Letztere verkommt bei Lina Beckmann zu einer vulgären und herzlosen kleinen „Hure" (so heißt es im neugefassten Text), die eine Puppe stillt und auch sonst gern nackte Haut zeigt. Mit Woyzeck scheint sie nichts zu verbinden; die Avancen des Tambourmajors kontert sie trotzig und patzig, bevor sie sich seiner Vergewaltigung – von Verführung keine Rede – hingibt. Drastik liegt dieser Schauspielerin mehr als die unendlichen Nuancen einer nach Liebe, Lust und Leben hungernden jungen Seele.

Samuel Weiss endlich kann mit Woyzeck wenig anfangen. Was in dieser geschundenen Kreatur passiert, erzeugt kein Echo in der Herzkammer; es wird augenblicksweise vehement-tobsüchtig ausagiert. Samuel Weiss psychopathologisiert seinen Woyzeck zum Glück nur unauffällig, macht aber – weniger glücklich – aus der Unauffälligkeit über lange Phasen gleich einen Charakterzug, nach dem Motto: Wir alle sind Woyzeck. Das ist nicht nur bezogen auf Georg Büchner, sondern sogar auf Neil LaBute zu simpel, zu harmlos: falsch.

Material 27

Anke Dürr: Aufregend öde. Münchner WOYZECK-Inszenierung (2007)

(in: Spiegel online, Anke Dürr, 22. Juni 2007 http://www.spiegel.de/kultur/gesellschaft/0,1518,490135,00.html)

Das Kind. Wo ist das Kind? Woyzeck stakst über die Bühne und ruft nach seinem Buben. Auch Marie sucht das Kind, immer wieder. Sie spricht sogar mit ihm, aber zu sehen ist es nicht. Ist das Kind tot? Oder hat es in Wirklichkeit nie existiert? Später hört man in der Ferne Kinderlachen, aber die Bühne bleibt dabei gespenstisch leer. Wenn Kinder die Zukunft sind, ist das kein gutes Zeichen.

Ein Optimist war Martin Kusej als Regisseur noch nie, und er bleibt sich in diesem Punkt treu bei seinem Debüt am Münchner Residenztheater, dem Haus, das er 2011 als Intendant übernehmen soll. Sein „Woyzeck" ist ein Endzeitdrama: keine Liebe, kein Verständnis, keine Moral, und vor allem: keine Hoffnung. Das alles steckt in Büchners fast 200 Jahre altem Fragment drin.

Kusej und sein Dramaturg Hans-Joachim Ruckhäberle haben diese düstere Weltsicht noch verstärkt mit Texten, die nach Heiner Müller und Samuel Beckett klingen. Und der weise Narr schildert wüste Stadtlandschaften, Szenen, die dem apokalyptischen Roman „Die Straße" von Cormac Mc Carthy entnommen sind.

Woyzeck und die anderen hausen auf einer Müllhalde, einer Landschaft aus blauen Müllsäcken, die die ganze riesige Bühne ausfüllen. Das Licht, das auf diese Welt fällt, ist mal bläulich, mal neongrell, aber immer kalt – fast schon ein Markenzeichen des Bühnenbildners Martin Zehetgruber.

In dieser öden Landschaft steht Woyzeck anfangs mit schiefem Kopf, verträumtem, fernem Blick und einer Plastiktüte in der Hand. Er schwärmt von der Lebendigkeit der Forellen, die man früher aus dem Bach fangen konnte, mit bloßen Händen. Dann leert er seine Tüte aus: lauter tote Fische. Woyzeck wirft sie einzeln in hohem Bogen hinter sich, zu all dem anderen Zivilisationsmüll.

Jens Harzer als Woyzeck ist ein Ereignis: ein sanfter, etwas naiver Eigensinniger, aber kein Trottel und auch kein Wahnsinniger. Er ist kein bewusster Aussteiger, keiner mit einer Überzeugung, aber er lauscht, der Natur, der Umwelt, in sich selbst hinein und empfindet Mitgefühl – damit wirkt er wie aus der Zeit gefallen.

Denn Menschlichkeit ist nicht das, was zählt in seiner Umgebung. Marie (Juliane Köhler, die die unwirsche Marie überzeugender spielt als die verzweifelte) leidet darunter, hat sich aber den Verhältnissen angepasst. Der Doktor (Kaugummi kauend und selbstzufrieden grinsend bis an die Grenze zur Karikatur: Werner Wölbern) vergleicht sein Versuchsobjekt Woyzeck mit einer Laborratte. Der Hauptmann lässt sich von ihm auspeitschen, bevor er seine Moralpredigt hält, und der Tambourmajor (mit schwarzem Muscle-Shirt, Pilotenbrille und Glatze auf brutaler Macho getrimmt: Felix Rech) vergeht sich sogar an einer Frau, die er ohnmächtig aus dem Müll gefischt hat.

Und wer dann immer noch nicht kapiert hat, dass die Welt so vor die Hunde geht, dem sagt es der Budenbesitzer, bei Kusej ein greller Transvestit, der die Gleichgültigkeit der Menschen und die Verlogenheit von Charity-Events anprangert.

Nicht alle dieser Ergänzungen zu Büchners prägnanten Gesellschaftsskizzen sind nötig. Andere bringen die Figur Woyzeck, wie Kusej und Harzer sie sehen, noch mal auf den Punkt: Da tanzt Woyzeck zum immer noch großartigen Nirvana-Song „Smells like Teen Spirit", der die ganze leerlaufende, wütende Verzweiflung einer Generation über die abgestumpfte Gesellschaft bündelt.

Und einmal erklärt er: „Ich bin wie in mir vernichtet. Ich bin ein Automat." Harzer sagt das mit der ihm eigenen gleichmütigen Heiterkeit in der Stimme, wie einer, der mit dieser Welt längst abgeschlossen hat. Selbst als sein Freund Andres ihm von Maries Fremdgehen berichtet, reagiert er nicht aggressiv, sondern steckt die Hände in die Taschen. Aber etwas in ihm mordet dann doch. „Bin ich ein Mörder?", fragt Harzer fast kokett lächelnd ins Publikum. [...]

Material 28

Subway to Sally: Element des Verbrechens
(Dieser Text umfasst sechs Strophen, die abgerufen werden können unter: http://www.songtextmania.com, Stichwort: Element des Verbrechens; Abrufdatum Mai 2009)